1年間
まるっと
おまかせ！

中2
担任のための

学級経営
大事典

玉置 崇 編著

明治図書

Introduction

中学2年生 学級経営成功の 5つの秘訣

岐阜聖徳学園大学　玉置　崇

❶ 2年生はサンドイッチの「具」であると強調

　若い頃，「2年生はだれる学年だから，いろいろと問題があってもしかたがないよ。3年生になると，進路のことを考えて，荒れもおさまるから我慢だよ」という言葉を耳にしました。2年生の学年主任が担任教師をなぐさめるために発した言葉です。

　教師の心情は日々の言葉の端々に表れます。しかたない，我慢だなどと考えていれば，生徒は「担任はこの学級をよりよくしようなんて思っていないな」と感じることでしょう。学級が荒れるのは当たり前です。

　生徒にとっても教師にとっても，どの学年であれ大切な1年間なのです。私は2年生の担任になると，印象に残りにくい学年だからこそ，生徒が記憶にずっととどめる1年間にしようとファイトがわきました。

　次のように学年はじめに語りました。

　「あなたたちは，中学校で1年間過ごしました。中学校生活にもすっかり慣れてしまって，2年生に進級しても新鮮味を感じていない人がいませんか。大間違いですよ。2年生はサンドイッチの『具』と同じです。『具』によってサンドイッチの味はずいぶんと変わります。みんなでおいしい，おいしい『具』をこの1年でつくりましょう」

　機会を捉えて，この話をするとよいでしょう。生徒の気持ちを高めることが大切です。

❷ 徐々に手放していく

　1年にわたって担任がずっと学級の旗振り役をやっていませんか。生徒に任せる部分が徐々

に増えなくてはいけません。担任と生徒の旗振り役の割合は，以下のようであるべきです。

```
1学期    教師：生徒＝2：1
2学期    教師：生徒＝1：1
3学期    教師：生徒＝1：2（以上）
```

　学級集団が成長してくれば，3学期は教師の旗振りはほんの少しでよいはずです。このような1年間の見通しをもって学級経営をすると，それぞれの時期に生徒につけておかなければいけない力が明確になります。

　私は，3学期の「学級の時間」は，すべて生徒が企画し運営できるようになってほしいと考え，4月当初から学級経営をしました。そのため，1学期は企画案のつくり方，運営の方法，留意することをしっかり教えます。そして，必ず成功体験を味わうことができるように，担任として精一杯動きます。

　その次の企画では，前回の取り組みを振り返らせながら指示を徐々に少なくしていきます。こうした戦略的な経営を心がけると学級経営が充実し，生徒の成長が楽しみになります。

③ リーダーは陰でほめ，フォロワーは全体でほめる

　生徒のよさやがんばりを価値づけしてほめることが大切です。しかし，単にほめればよいわけではありません。中学2年生という年齢では，精神的にやや不安定になり，素直に受けとれないことがあるので，要注意です。生徒をほめれば喜んでくれるだろうと担任は思いますが，逆効果になってしまうことがあるのです。

　若い頃の失敗談です。学級のことにとてもよく気づき，進んで動いてくれるリーダーが学級にいました。

　帰りの短学級で，「○○さんのおかげで，わが学級は□□先生からまとまりがあると言われました。○○さんありがとう」と全体に話したときです。○○さんの表情が明らかに曇りました。しまった！と思いました。2日前にも○○さんを全体の前でほめたことを思い出したからです。少し考えれば，「みんなの前でほめられるのは嫌だ。ほめられるために動いているわけではない」といった○○さんの心情は想像できるのに，若気の至りでした。

　数日後に生活記録（生徒と教師がやりとりする日記風の記録）に，○○さんは「帰りの会で私の名前を言われたときはとても嫌でした。これからは絶対に呼ばないでください」と書いていました。

　それからは，リーダーは陰でほめる，リーダーを支える他の生徒（フォロワー）は全体の場でほめることを心がけました。安定した学級経営をするための重要な心づかいです。

④ 他の教師から価値づけをしてもらう

3で生徒をほめること，ほめるときには場面を選ぶことを紹介しましたが，中学2年生ともなると，心では理解していても，素直に態度で表さない場合が多くあります。3で紹介したように，学級全体のがんばりを伝えたところで，担任が思うように生徒は喜びを表さないかもしれません。しかし，心の中では喜んでいるのです。それを肝に銘じておきましょう。

これを踏まえた効果的なほめる秘訣があります。他の教師の力を借りて学級全体をほめるのです。

学年主任や他学級の担任に，「最近，学級の掲示物がよくなってきています。もちろん担任として生徒のがんばりをほめていますが，何かの折でよいので，先生からもこのことについてふれてもらえるとありがたいです」と，協力を依頼しました。

学級に行くと，「△△先生から掲示物がいいねって言ってもらえました。△△先生，見る目あるじゃん！」などと，生徒が満面の笑みを浮かべて，私に伝えに来たことがあります。それ以後，掲示物のクオリティはますますあがりました。

⑤ 1対1で話す場面を多くもつ

安定した学級経営をするためには，学級担任と生徒一人ひとりがしっかり結びついていることが重要です。

3年生の学級担任になると，進路相談など面接の機会が必然的に多くなります。そのときに実感したのは，やはり個々の生徒としっかりつながっていると，教室ではアイコンタクトだけでも会話している感じが生まれて，担任の気持ちも安定するということです。

こうした経験から，私は他の学級ではあまり行われていない生徒面談を意図的に行いました。2年生の学級経営を成功させるためのおすすめの秘訣です。

1人の面談時間を多くとる必要はありません。1対1になる場面を設けて，「最近，どう？」の一言だけでよいのです。生徒から何かしら悩みを聞き出そうとか，生徒に何かしら伝えようと思わない方が自然体でやりとりできます。面談時間を長くするより，1対1で話す機会を多くすることです。

ただし，そのときの生徒の表情はしっかり捉えましょう。「メラビアンの法則」といわれるものがあります。それによると，「表情・仕草・見た目・視線などの視覚情報から得られるものが55%，声質・声の大きさ・抑揚・テンポなどの聴覚情報から得られるものが38%，言葉づかいや内容などの言語情報から得られるものはわずか7%」とのことです。表情や仕草，声の調子から，生徒の気持ちを捉えることが大切なのです。逆に，教師の表情や声質から生徒が感じるものがあることを忘れてはいけません。

Contents

1章 春休み〜最初の１週間の全仕事ガイド

2章 必ずうまくいく学級開きのアイデア

3章 年度はじめの環境・システムづくり

4章 春の行事指導のポイント＆アイデア

5章 年度はじめの生徒指導・学習指導のポイント

6章 信頼される保護者対応術

7章 夏休み明けの学級引き締め&盛り上げ術

8章 秋の行事指導のポイント&アイデア

9章　学級グレードアップのアイデア

中２担任の学級経営 Q&A

執筆者一覧

春休み〜
最初の1週間の
全仕事ガイド

春休み

春休み中のタイムテーブル

	学年・学校単位でやること	学級担任としてやること
7日前	・新年度の学年経営方針を確認 ・生徒の情報交換と学級編成の再確認 ・学年組織の確認	・学級開きのシナリオ作成 ・生徒の情報確認（名前・家庭環境等）
6日前	・指導要録，健康診断票，歯科検診票，出席簿，給食実施簿等の帳簿類の準備 ・学年，学級生徒名簿作成	・教室環境整備（蛍光灯，ロッカー，カーテン，黒板消し，教卓，掃除道具等） ・教室の机・椅子の数の確認 ・帳簿類，生徒名簿確認
5日前	・学年だより発行（学年の経営方針，学年教師集団の紹介） ・環境整備（廊下，靴箱，トイレ等）	・係・当番システムの確認，リストアップ ・座席表作成 ・生徒手帳準備
4日前	・発表用に拡大版の学級編成名簿印刷 ・入学式，始業式の流れの確認 ・当面1週間の予定確認	・教室掲示物準備 ・日直カード作成 ・自己紹介カード作成
3日前	・当初に実施するテスト関係の準備 ・1年次からの持ち上がり教材の確認・差し替え	・学級通信作成 ・学級開きの語りの練習 ・予定表作成
2日前	・教科書，副読本の配付準備 ・初日に配付するプリント類印刷 ・学年掲示物作成	・学級目標，ルールのたたき台づくり ・教科書，副読本の確認 ・名前シール作成 ・初日の1日の動きのシナリオ作成
前日	・入学式，始業式の準備 ・環境整備の最終確認（教室・配付物の確認） ・各学級の状況確認	・教室環境最終確認（メッセージ・花等） ・学級開きの語りの確認 ・名前シール・名簿等，生徒の名前の最終確認 ・配付物や回収物の確認 ・初日の1日の動きのシナリオ確認

学年・学校単位の仕事ガイド

❶情報交換を大切にする

　新しい学年のスタートとして，学年職員が同一歩調で進めていくためにまずやらなければならないことは，学年の経営方針をしっかりと理解すること，そして情報を共有することです。

　新しく２年生を担当する人もいるので，昨年度の様子やシステムなどを確実に伝える必要があります。特に，生徒指導面においては，人間関係・不登校・いじめ・非行・家庭環境などの情報をみんなが細かくつかんでおくとよいでしょう。また，学習面において心配な生徒の情報交換もしておきましょう。

❷書類の整理を徹底する

　指導要録，健康診断票，歯科検診票，出席簿，生徒名簿，名前印，保健調査票，健康手帳，家庭環境調査票。

　公簿となるもの，校内で統一して使用するものなど，取り扱いに注意すべきものが多くあります。必ず学年で整理のルールを定め，紛失等のないように統一して管理しましょう。

❸学年で協力して準備，環境整備をする

　教室をはじめ，廊下，靴箱などの環境整備，多くの書類の作成・点検などは，準備期間が短いので，自分ひとりだけで進めるのではなく，学年職員で分担し，協力して仕事を行いましょう。最終的に，名簿類の生徒の名前に間違いがないかどうかなど，書類，そして環境面も複数の目でしっかりと点検して初日を迎えましょう。

学級担任としての仕事ガイド

❶初日のドラマの準備をする

　２年生は，新しい仲間と共に，新たなスタートをきります。新しい学級での「黄金の３日間」が，１年間の良し悪しを決めるといってもよいでしょう。「１年生の学級がよかった」「去年の方が絶対楽しい」というような言葉が生徒から出てこないように，２年生の担任として，「この学級でよかった。がんばっていこう」と思ってもらえるような語り（担任の所信表明），演出を準備しましょう。どんな学級にしたいのか，どんな１年間でありたいのか，体育祭・文化祭などの行事ではどうあるべきか，学習面ではどうあるべきか，担任の思いをしっかり伝えます。

　また，14歳となる２年生なら，「立志」を兼ねて元服の話をしてもよいでしょう。

❷環境整備を徹底する

　生徒たちは，気持ちを新たにしています。その前向きな気持ちにしっかりと応えられるよう，教室環境を整えましょう。教室内の備品のほころびや破損は早めに見つけ，修理し，最良の環境で初日を迎えられるようにしましょう。また，２日前くらいからは教室がパッと華やぐような飾りつけや，黒板メッセージを仕込み始めましょう。

❸当面の予定表を早めに用意する

　当面１週間分の詳しい予定表を準備することで，生徒も教師も見通しをもち，落ち着いて行動することができます。

1日目

1 日目のタイムテーブル（入学式に参加するバージョン）

〜8：05	・教室内の確認 ・入学式・始業式会場の確認 ・生徒の出迎え ・生徒の服装，頭髪等に問題がないか確認
8：05〜	・職員打ち合わせ ・学級編成表の掲示（新クラスの発表） ・新学級ごとに整列し，新教室に引率指導
〜8：45	・以前担任していた学年への指導 ・式に参加する心構え ・入学式・始業式への移動時の整列指導，入場準備 ・生徒の出席確認と健康観察
8：45〜	【新任式・入学式・始業式】 ・新任式 ・入学式 ・始業式，担任発表
10：00〜	【学級開き】 ・担任自己紹介（所信表明） ・配付物の確認（教科書，書類） ・提出物の回収 ・今後の予定連絡（明日の登校・下校時刻，持ち物確認） （学級写真を撮影する学校もあります）
11：00〜	・下校（下校指導）
11：30〜	・教室整理，整頓，施錠 ・職員会議 ・学年会議 ・欠席者への連絡，家庭訪問

1日目の仕事ガイド

最初の3日間は，どんな生徒も，わりと言うことを聞いてくれるので，「黄金の3日間」といわれています。

この3日間がうまくいけば，1年間うまくいきます。それぐらい，はじめの3日間は，学級経営の中で重要なのです。大切に過ごしていきましょう。3日間で新しい学級のルールを徹底させることや，教師が生徒にやってもらいたいことなどをきちんと話せるように準備しておきます。さあ，出会いの日です。素敵な出会いにしましょう。

❶笑顔で迎える

担任と生徒との大切な出会いの日です。明るく笑顔を忘れず，生徒を迎えましょう。

初めてこの学年を担任する場合は，お互い緊張感があり，慣れない状況です。その上，配付物，確認事項など必要不可欠なことが盛りだくさんです。前日までに万全の準備をして，この日を迎えましょう。

お互いが知っている関係であっても，この日は気持ちを新たにして，毅然とした態度で接しましょう。

❷入学式・始業式への参加の心構えをさせる

入学式・始業式の意義について簡潔に話します。2・3年生が先輩として新入生を迎える立場であること，式中の歌・態度でその気持ちを表すことを意識させましょう。

また，服装，頭髪等の身だしなみも忘れずに確認しておきましょう。

❸最初の語りを演出する

初日に生徒にどんな語りをするのか，前もってしっかりと考えておきましょう。歓迎の言葉，ほめる事柄，そして，どんなクラスにしたいのかという担任の思いを伝えます。インパクトを与えたいなら，ギターを弾きながら歌を歌ったり，偉人の話をしたり，以前受けもった学級の様子の映像を見せたりするなどの演出も効果的です。

❹何が何でもとにかくほめる

初日から生徒たちをたくさんほめてあげましょう。些細なことでかまいません。式や教室内での態度でよいところを見つけましょう。「笑顔が素敵。字がきれい。あいさつの声が大きい。先生の顔をしっかりと見て話を聞いている」など，ほめるところはたくさんあるはずです。

先手必勝です。ほめることは生徒を認めることになります。認められれば，生徒は居心地がよくなり，担任の先生のことが好きになります。やんちゃな生徒ほどほめてあげましょう。ほめる場面がない場合は，教師サイドからほめられる状況を意図的につくり出すことが大切です。

2日目

2 日目の時間割例

1限	学級活動①	今日の1日の流れの説明 提出物の回収（春休みの課題等も） 担任の方針の話 生徒自己紹介
2限	学級活動②	学級レクリエーション（ミニゲーム，構成的グループ・エンカウンター） 自己紹介カード作成 1年間の目標を決める
3限	学級活動③	通学団（住所をもとに分けた集まり）の確認 避難訓練の指導 明日の予定の確認
4限	通学団会 避難訓練	通学路点検　登下校時の安全点検

2 日目のチェックポイント

- ☐ 登校時，頭髪や服装に問題がないか確認する
- ☐ ロッカーの場所や使い方を確認させる
- ☐ 前日配付した家庭環境調査票や保健調査票等を回収する
- ☐ 欠席者の確認，生徒の健康観察をする
- ☐ 持ち物に名前が書かれているか確認する
- ☐ 生徒の様子を観察する（特に不登校傾向，いじめ等で心配な生徒）
- ☐ 声かけを積極的に行う
- ☐ 明日の学力検査の準備をする
- ☐ 欠席者への連絡（家庭訪問）をする
- ☐ 生徒下校後，教室環境を整え，黒板にメッセージを書く

2日目の仕事ガイド

昨日は入学式，始業式，学級開きと，生徒にとっても担任にとっても慌ただしい1日でした。今日から，いよいよ通常の中学校生活が始まります。新しい仲間との人間関係づくりのために，できる限り生徒同士で話す場を設定しましょう。また，担任は，基本的な生活習慣を身につけさせるために，細かい点にも気をくばりたいものです。

❶登校指導で声かけを行う

昇降口または教室で生徒を迎えます。笑顔でさわやかにあいさつをします。このとき，生徒の表情をしっかりと観察し，心配な生徒には必ず声をかけるようにしましょう。また，頭髪や服装に問題がある場合は，教室に入る前に直させます。最初が肝心です。しかる必要はありません。すぐ直るものなら，その場で直させましょう。

❷環境を整える（整理整頓）

常に整理整頓を心がけさせましょう。自分の靴箱，ロッカーの確認をさせ，靴やかばんを入れさせます。きれいな状態を示すことで，それを基準に整理整頓させるのです。そして，担任自身も教室内の教卓などの整理整頓を忘れずに行いましょう。

また，教室の前面は，特別な支援を要する生徒への配慮として，何も掲示しないのがベストです。やむを得ない場合は，必要最低限のものだけにし，落ち着いた色の台紙で統一するなど，シンプルな掲示を心がけましょう。

❸ミニレクリエーションで雰囲気をなごませる

2日目。昨日に引き続き，まだまだ緊張する時間が多いです。新しい仲間・学級に少しでも慣れていくために，ミニレクリエーションの時間を設けて，学級の緊張した雰囲気をやわらげ，楽しさを共有させましょう。また，新しい仲間と話をするきっかけをつくってあげることも大切です。ミニゲームや構成的グループ・エンカウンターをいくつか準備しておき，教師が楽しい時間をつくり出しましょう。

❹できる限り全員に声かけをする

時間的に難しいかもしれませんが，一言でもよいので，全員に声をかけることを心がけましょう。「○○くんばかりと話している」「私も先生と話したかったのに……」と思う生徒もいます。もし1日では無理だと思うなら，最初に「先生は，今日明日中に，みなさんに一言ずつでも声をかけますね。みなさんも先生に声をかけてきてね」というような声かけをしておくのもよいでしょう。

3日目

3 日目の時間割例

1限	学力検査①	実施方法の共通理解
2限	学力検査②	テストの受け方指導
		テストの回収方法の指示
		組や出席番号等の書き間違いに注意
		回収後，組，番号等が間違っていないかの確認
3限	学級活動④	日直当番，給食当番，清掃当番の役割分担・仕事の内容確認
4限	学級活動⑤	学級委員の活動内容の説明
		学級委員の選出（級長・副級長・書記）

3 日目のチェックポイント

- ☐ 登校時のあいさつ指導で，生徒の表情を確認する
- ☐ 登校時，頭髪や服装に問題がないか確認する
- ☐ 欠席者を確認する
- ☐ 靴箱の靴・ロッカー・机の中の整頓，靴や持ち物の記名を確認する
- ☐ 学力検査の解答用紙に書き間違いがないか点検する
- ☐ 家庭環境調査票や保健調査票等を回収する
- ☐ 学級委員の選出方法を確認する
- ☐ 声かけができていない生徒がいないかを確認する
- ☐ 生徒下校後，教室環境を整え，黒板にメッセージを書く

3日目の仕事ガイド

授業開始までは，健康診断などの行事，学力検査，給食・清掃当番を軌道に乗せるための学級活動の時間が多くあります。早めに学級委員・委員会を決め，組織をつくりましょう。2年生では，自分たちが学級を引っぱっていくという意識をリーダーにもたせるよう指導したいです。

また，そろそろ初めの緊張感が薄れ始めてくる頃です。教師の話を聞く場面でも落ち着きがなくなってきたり，勝手にまわりとおしゃべりを始めたりということも出てきます。ここが勝負どころです。3日目も気持ちや姿勢をしっかりとひきしめさせ，ほころびは小さなうちに対処しておきましょう。

❶当番活動始動

いよいよ当番活動が始まります。最初に活動内容をきちんと確認しておくことが大切です。学校全体としてのルール，学年としてのルール，そして，学級独自のルールです。学級のルールは，担任がある程度決めておいて，任せてもよいところは生徒に考えさせて決めてもよいでしょう。

ただし，給食の時間だけは，特に注意が必要です。ズルをさせないよう，誰もが安心して給食を食べられるようなシステムをつくることが教師の責任です。

❷非言語での指導

やんちゃな生徒も最初は落ち着いて話を聞いていますが，3日目あたりから少しずつ我慢ができなくなってきます。そのとき，教師

はきちんとやらせたいという思いにばかり気をとられ，命令口調になったり，何度もくどく同じことを注意したりします。また，ついつい感情的になり，生徒と同じ土俵にのってしまう教師もいます。2年生という反抗期を迎えた生徒たちです。教師が気をつけなければいけません。

生徒に注意する場合，ときには，心おだやかに非言語で注意してみるのもよいでしょう。ジェスチャーで指導することも効果があります。頷いたり，ハンドサインを出したりすることで，十分指導することができます。にっこりほほ笑んでジェスチャーをすることがポイントです。非言語での指導は，強い口調で生徒をいらだたせることがありません。この方法はお互いに嫌な思いをせずにすみます。

❸リーダー選出

委員決めは，多くは投票で行われていますが，人気投票にならないよう，学級で前もって話をする必要があります。また，「優等生」ばかりがリーダーではありません。役につき，仕事をしていく中でリーダー性が備わってくることも忘れてはいけません。

4・5日目

4・5日目の時間割例

1限	学力検査③	実施方法の共通理解
2限	学力検査④	テストの受け方指導
3限	学力検査⑤	テストの回収方法の指示
		組や出席番号等の書き間違いに注意
		回収後，組，番号等が間違っていないかの確認
4限	学級活動⑥	係・委員会の活動内容の説明
		係・委員会を決める
5限	学級活動⑦	学級目標を決める
6限	学年集会	学年集団（2年生としてのあるべき姿）の確認
		学年職員の紹介
		学習面・生活面についての取り組み方の説明

4・5日目のチェックポイント

- □ 登校時，頭髪や服装に問題がないか確認する
- □ 生徒の表情を確認し，心配な生徒にはすぐ声かけをする
- □ 欠席者を確認する
- □ 家庭環境調査票や保健調査票等を回収する
- □ 学年・学級のルールが守られているか確認する
- □ 授業の受け方・持ち物について確認する
- □ 当番活動のシステムの始動がうまくいっているか確認する
- □ 学力検査の解答用紙に書き間違いがないか点検する
- □ 生徒下校後，教室環境を整え，黒板にメッセージを書く

4・5日目の仕事ガイド

4・5日目から給食や清掃が始まります。班を編成し，役割分担をすることで責任をもち，協力する関係をつくり，諸活動のシステムを構築していきましょう。それぞれの活動目的や意義を考えさせ，その仕事が学級のためになっていることを意識させることが大切です。2年生は，1年生のときとは違い，自分たちで組織やよりよい活動方法を考えながら取り組むように仕向けていきましょう。

❶システムの確立

日直当番，給食当番，清掃当番の活動を確実に行わせます。担任が1週間いなくても学級がまわるように指導していきましょう。給食の時間のルール・おかわりの仕方，掃除の仕方，日直のやるべきこと等をその都度確認させながら活動させればシステムがしっかり確立していきます。

❷学年集会のもち方

できる限り早い時期に，学年集会を行いたいと思います。中学校は，教科担任制であり，学年単位で活動することが多いので，学年職員を生徒に紹介し，顔合わせをしたいからです。最初の学年集会では，学年職員の自己紹介や学年に対する教師の思いを伝えます。そして，学習・生活・行事の項目に分けて，各担当者が2年生としてのあるべき姿，1年間の流れ等の話をするようにしましょう。当然，「やる気」をもてるように内容を吟味することが重要です。

❸学級目標を考えさせる

「こんな学級にしていきたい」「こんなクラスがいい」ということを一人ひとりに考えさせ，学級目標を全員で決めます。この1年間で行われる行事での自分たちの姿をイメージさせながら，グループでの話し合い活動を行わせます。全体だと意見をなかなか言えない生徒も，少人数グループでは自分の考えを言いやすくなります。また，クラス全員で考えた学級目標を掲示することで，常に学級の方向性を見失わずに進んでいくことができます。

❹授業開始に向けての準備

明日から授業が始まります。まずは，最初の授業の持ち物を全教科の教科担任に確認しておき，学年でプリントを配付するとよいでしょう。教科係が連絡を聞きに行くことを忘れていたり，連絡ノートに書き忘れたりというミスがなくなり，忘れ物をすることなく，最初の授業を迎えられます。また，授業を受ける姿勢についても話しておきましょう。

（戸田　恭子）

スタートダッシュが決まる

学級開き当日の鉄板トークネタ

① 学級を「居心地のよい場所」に

話し始める前に

　学級には様々な性格・考えの生徒がいますが,「1年間過ごす学級が,自分にとって居心地のよい場所であってほしい」というのは,全員に共通する願いではないかと思います。

　「全員が安心して過ごせる学級にする」という目標を確認し,自分たちの手で居心地のよい学級をつくっていくのだという意識をもたせましょう。

鉄板トークネタ

> 　いよいよ今日から2年生ですね。「今日から,新しいスタート。がんばるぞ!」という気持ちが表情から伝わってきます。今年,この学級の担任をさせていただきます,○○です! この学級でみんなに出会えて,嬉しいです。1年間よろしくお願いします!

心をこめて,丁寧に呼名を行います。大きな返事をしてくれたら,ほめましょう。

> 　さて,この学級の目標について,お話しします。それは,「学級最後の日に,全員が『この学級でよかった!』と思える学級にする」ということです。様々な人がいますから,ときにはけんかをしたり,うまくいかなかったりすることもあるでしょう。それは,仕方がないことです。それでも,みんなで歩み寄る努力をしていきましょう。友達のよさに気づき,違いを認め合い,それぞれの個性と共存していくこと。それが,この学級に課せられた課題です。そんな学級を,今から,みんなの手でつくっていくのです。誰ひとりとして欠けてはいけません。全員の協力が必要です。安心して過ごせる学級を,みんなで協力してつくっていきましょうね!

（野間　美和）

❷ 3年生を支え，1年生を引っぱる，2年生の存在の重要性

話し始める前に

　中学校の中で中堅となる2年生。目標を見失い，だらけやすく，中学2年生が最も指導が難しいとよくいわれます。2年生は，3年生をしっかりとサポートし，新たに入学してくる1年生の手本として，重要な存在であることを伝えます。「今年も1年，がんばっていこう」という気持ちをもたせましょう。

鉄板トークネタ

　笑顔で生徒と全体のあいさつを交わします。初日の初めてのあいさつ，たとえこちらが想定していた声より小さくても，元気がなくても，今日ばかりはそのまま受け入れましょう。そして，手本となるような生徒をほめていきましょう。

> 　おはようございます。
> 　○○くん，いい姿勢ですね。○○さん，笑顔がいいですね。○○くん，大きな声であいさつをしてくれてありがとう。
> 　今日から2年生ですね。みなさんの表情や姿勢や声から，今年1年へのやる気を感じます。そんなみなさんの担任になれて先生は嬉しいです。みなさんの思いに精一杯応えていけるように先生もがんばりますね。担任の○○です。よろしくお願いします。
> 　中学2年生というのは，○○中学校全体の中で，とても大切なポジションを担っていきます。まず，学校の顔となり，学校を引っぱっていくリーダーである3年生を，しっかりサポートしていく役割があります。そして，今日，新たにこの学校に仲間入りをした1年生を，励まし，支え，教え，立派な中学生に引っぱりあげていく役割があります。そんなみなさんは，○○中学校の舵取り役というわけです。期待しています。

（田中友二郎）

話し始める前に

　生徒は，新しい学級にいつでも不安を感じています。新しく出会う学級の仲間，雰囲気，担任などについて，うまくやっていけるか，仲のよい友達ができるかと，数えきれないほどの心配をしています。どの学年でもスタートが1年間を決めるといっても過言ではありません。

　一方で，進級後の中学校生活に意欲をもつ生徒が多くいます。不安を期待に変え，意欲をもち続けられるようにすることが，明日も登校しようという気持ちにつながっていきます。

鉄板トークネタ

笑顔で生徒の表情をひとりずつ確認し，やわらかい口調で，ゆっくり大きな声で話します。

> 　みなさん，中学校生活2年目に入りました。学校の中核として3年生を助け，1年生に素敵な背中を見せていけるといいですね。先ほどの様子を見ていると，さすが2年生と感じるところがたくさんありました（例えば，と言って，始業式の様子，廊下での行動，教室へ入ってくるときのあいさつの声など，些細なことからほめましょう）。これからの生活が楽しみです。
>
> 　さて，この学級の担任となった○○です。どうぞよろしく！　私のことを知っている人もいると思いますが，自己紹介をしたいと思います（家族や趣味の話，中学校時代のエピソードなど，親しみを感じさせる話をします）。みなさんも，隣の人と自己紹介をして，好きな食べ物や春休みの出来事など共通点を探してみてください。

3分間ほどとります。話がうまく進んでいないところには，簡単なことでよいと伝えます。

> 　さあ，共通点は見つかりましたか？　3つ以上あったペア？　手をあげてくださいね。4つ？　5つ？　たくさんあった人もいて，すごいですね。よく似た人が集まっているのかな？　私は，この学級を「○○」という学級にしたいと思っています。詳しくは，学級通信に書いてあるので，よく読んでください。この学級をみんなにとって居場所がよくて安心できる場所にしたいと思っています。その一番の応援団が私です。居心地のよい学級をみんなでつくっていきましょう。

（五島　　縁）

必ずうまくいく
学級開きの
アイデア

「出会いの演出」のアイデア

① 黒板に歓迎メッセージをつくる

　中学2年生になった生徒は，1年生のときに仲良くなった友達や同じ部活動の仲間と一緒の
クラスになれるか，どの教師が担任になるかなど，新1年生同様に不安な気持ちで登校してき
ます。中にはクラス発表の後に泣いてしまう生徒もいます。

　そんな不安が減るように，あたたかな雰囲気をつくりましょう。メッセージには，一から仲
間づくりをがんばること，1年間の行事を協力して成し遂げることといった協力の大切さや，
どういった先輩になるかという問いかけや，自分はどんな学級にしていきたいのかなどを簡潔
に書くとよいと思います。メッセージ周辺はにぎやかに飾るなど，明るい雰囲気になるように
工夫しましょう。また，1年間の学年，学校の行事の写真などを貼ることで，このクラスの仲
間でどういった行事に取り組んでいくのかをイメージさせることもよいと思います。

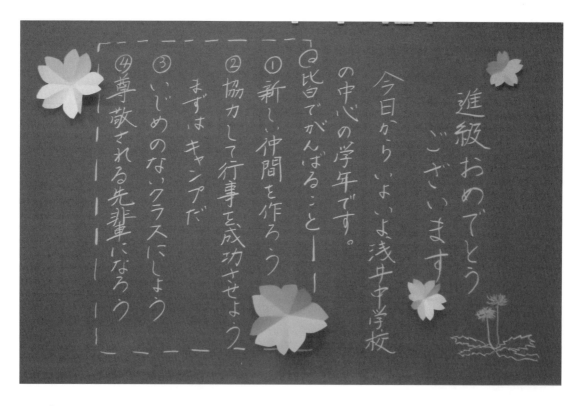

❷ 構成的グループ・エンカウンターやゲームでクラスの緊張をほぐす

先ほども述べたように，2年生にとってクラス発表というのはかなりのストレスになります。新1年生のクラス発表よりも生徒はナーバスになっています。その緊張や不安をほぐし，新た

に仲間づくりを行うために，構成的グループ・エンカウンターやゲームを取り入れた学級開きを行うとよいでしょう。おすすめは，ひたすらクラスの仲間とじゃんけんして勝った数を競うゲームや，会話をせずに手だけで誕生日順に並ぶ「バースデーチェーン」などです。

❸ 担任のおもしろさをアピール

人の第一印象は3秒で決まるそうです。身だしなみに気をつけるのは当たり前ですが，意外に忘れがちなのが笑顔です。短い時間の中で配付物を配るなどやることが多く，つい笑顔を忘れてしまいます。私が中学1年生のときの担任の先生は，入学式の日に緊張しているみんなに向かって「トイレにいっといれ」とギャグを飛ばしました。その印象は強く，その後，しかられることがあってもその先生を嫌いになることはありませんでした。ほんの些細なことですが，第一印象は大切です。

配るものについては前日に一人ひとりの分をセットしておき，時間のゆとりを生み出しておきましょう。その浮いた時間にゲームをしたり，担任の自己紹介クイズをしたりと，生徒との出会いを大切にし，笑顔でスタートできるよう心がけてください。

（時田　学）

☆先生クイズ
① 先生は何の教科を担当するでしょう
② 先生の得意な教科は何だったでしょう
③ 中学校の時・何部だったでしょう
④ 年齢は35歳より上か下か
⑤ 兄弟は3人より上か下か

「自己紹介」
のアイデア

1 最初はアイスブレイクで話しやすい雰囲気をつくろう

　2年生は，部活動や昨年度のクラスが一緒などで多少は知った顔が増えたとはいっても，不安と緊張でいっぱいです。自己紹介の前にいくつかのアイスブレイクを入れておくと緊張もほぐれ，お互いに話しやすくなります。

　アイスブレイクとしておすすめするのは，じゃんけんを使ったものです。じゃんけんは特別なものは必要なく，ルールもみんな知っているし，そのまま構成的グループ・エンカウンターにも使えるので便利です。またアレンジもきくのでクラスの実情にあわせて用いることができます。2年生なら，じゃんけんをして相手とあいこになったらハイタッチするというのを10人に行うとか，じゃんけん以外なら言葉を用いずに誕生日順に並ぶ「バースデーチェーン」もおすすめです。まずは話すことができるあたたかい場所をつくりましょう。

2　全員一斉の自己紹介はしない

　2年生にもなれば，うまく相手の話を聞き出すことができるので他己紹介がおすすめです。このとき紙を用いてマッピングをさせると聞き出しやすいです。疑問に思ったところは「どうして」などと，掘り下げた質問をさせましょう。1年生の頃よりも難しいことをさせることでコミュニケーション能力も高まってきます。聞き出した内容を4人グループで紹介し合うとよいでしょう。

　その他にも自己紹介カードを用いて掲示する方法もあります。その際は内容を吟味して作成しましょう。文章や装飾を丁寧につくらせることが大切です。ここでいいかげんなものをつくらせると，1年間いいかげんなものしか提出しません。

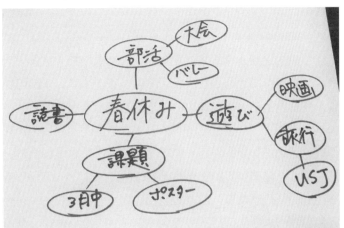

3　ゲームを用いた自己紹介

　ある程度お互いのことがわかってきたら，ゲームを用いて自己紹介をするのもおもしろいです。「私は誰でしょう」というゲームは趣味，特技，最近の失敗談，嬉しかったことなどを事前にプリントに書かせて，それをクイズにして，みんなでその人物が誰かを当てるゲームです。このゲームのよいところは，4人ぐらいのグループでもクラス全体でも取り組めるところです。仲のよい友達の知らない一面や，あまり話したことのない人の意外な一面を知ることができ盛り上がります。質問内容については担任が配慮しましょう。

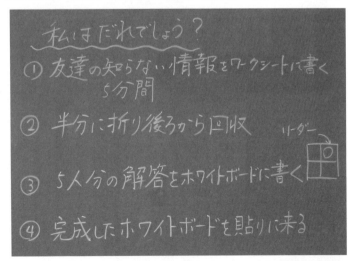

（時田　学）

「学級目標づくり」
のアイデア

①　ピラミッドで深める

　中学校生活を1年終えた2年生。去年よりも，さらに自分たちの手で学級をつくりあげようとする意識を高めることが大切になってきます。学級目標づくりでも，学級のリーダーを中心に，生徒同士で考えを深めさせていきましょう。

　4人グループでピラミッドチャートを使い，話し合いをします。まず，1番下の段には「クラスで大切にしたいこと」や「理想のクラス」について，ブレインストーミングで出された意見をたくさん書いていきます。2段目には，下の段から特に大切だと思うことや，意見が多かったものに絞ったり，まとめたりしながらキーワードを書いていきます。1番上の段も同様に2段目からより大切だと思うキーワードに絞ります。グループのピラミッドが完成したら，学級全体で，各グループで出た意見を共有しながら目標を決めます。

❷ イメージマップで広げる・つながる

　もう1つ，4人グループで活動させる方法を紹介します。「どんなクラスにしたいか」について，イメージマップをつくります。大きめの用紙とペンを用意し，紙の中心に「○年○組」と書きます。グループのリーダーを1人決め，4人それぞれが意見を発表し，リーダーがみんなの意見をキーワードでまとめながら，用紙に書き込んでいきます。

　自分の意見を言って終わりではなく，「友達の意見から，どんどんつなげてもいいよ」と事前に伝え，グループのイメージマップが広がっていくようにします。グループのイメージマップができたら，各グループ一押しのキーワードを発表させ，学級全体で共有しながら目標を決めます。

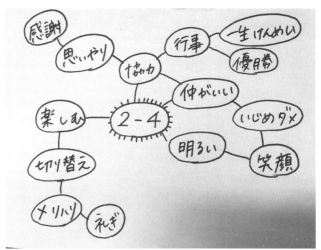

　仲間と意見を交流させることで，新しいクラスメートとのつながりもできます。

❸ インパクトのある目標

　グループワークで出たキーワード＝目標の柱をもとに，学級目標を決めます。このときポイントにしたいのは，「インパクトの強さ」です。学級全員がすぐに覚えて口にできるような，覚えやすく印象的な目標を考えさせましょう。

　学級目標が決まったら，掲示物にして教室の目立つ場所に貼り出します。学級目標を「見える化」しておくことで，生徒に目標を意識して生活させることができます。また，教師も，今後の生徒指導や行事の前後で，学級目標の言葉を用いながら生徒に学校生活を振り返らせることができます。

（松岡　美幸）

「学級通信」
のアイデア

① 担任の思いを伝える

　年度当初は行事や活動がたくさんあり，担任が生徒に向けて話をしたり，かかわったりする時間が限られています。学級通信は，こうした時期に担任の思いを伝える手段として有効です。

　特に，はじめの１週間は，学力テスト，身体測定，学級委員決めなど，やらなければいけないことが目白押しです。そこで，学級通信に今後の予定とともに，それらに向けての心構えを載せて伝えるとよいでしょう。生徒が見通しをもち，落ち着いて１年のスタートをきることができます。

　また，行事や学級活動の後には活動の様子に担任からのコメントを添えるなど，学級通信でも活動の振り返りをしましょう。

２年１組 学級通信	**和** がんばることを支え合う	No.2 2018/ 4 /13

　学級目標の副題として掲げた「がんばることを支え合う」について説明します。

　人には得意なことと不得意なことがあります。多くの人は，得意なことを人に見せ不得意なことは誰にもわからないように隠し続けるのではないでしょうか。そして不得意とわかっていながらも，それを克服しようと何かしらのがんばりをしていくのではないでしょうか。ただ，残念ながら不得意なことを自分の力だけで上手に克服することは極めて困難なことだと思います。極めて困難なことだからこそ不得意というのだと思います。しかし，不得意を不得意と受け入れ，そのままにしておくのはよくありません。そこで大切なことは，自分の不得意なことをさらけ出すことです。そして，素直に助けてもらう生き方をすることです。

　自分の不得意なことを他人に知らせるには大きな大きな勇気がいります。でも，その勇気を振り絞って知らせたならば，きっと助けてもらえるでしょう。今までがんばって克服しようとしてきた不得意なことを，仲間に支えてもらいましょう。そして，あなたも仲間のがんばりを支えましょう。そのキーワードとして掲げている言葉が，

「がんばることを支え合う」

です。

② 生徒の作品や感想を載せる

　年度当初には，１年の目標を立てさせたり，学級目標をつくったりと，学級で様々な活動を行うと思います。そこで，生徒が書いた１年の目標とそれにこめられた思いなどを学級通信に載せます。生徒はクラスの友達がどんなことを思っているのかを知ることができますし，保護者は学校での活動の様子を知ることができます。また，自分の感想が紹介された生徒は，誇らしい気持ちになると思います。

　ぜひ１年間で，学級通信に全員の感想や作品を載せましょう。

③ 学級の実態調査

　月に１回程度，学級でアンケートをとります。例えば，４月なら「２年生になって一番がんばりたいこと」や「先輩として必要なもの」などを聞き，グラフや表にして載せます。これは，クラスの友達が考えていることを知り，他者理解を深めるために有効です。

　また，担任としても，クラスの生徒がどんな思いをもっているのかを知り，指導に生かすことができます。テスト期間には「１日の勉強時間は」といった生徒のやる気を引き出す質問をしてみたり，「○○の秋といえば」といった遊び心あふれる質問をしたりして生徒の興味を引きましょう。

昨日の道徳科の時間のテーマは「ヒーロー（ヒロイン）」でした。
はじめに，みんなに問いました。

> ヒーロー（ヒロイン）といえば，どんなイメージをもちますか？

・小さい子の夢　・変身が長い　・やさしい　・アベンジャーズ　・助ける　・逆転　・犠牲　・過去
・少々強引　・悪役と同じくらいの強さ　・ナイスタイミングでくる　・北斗の拳　・自分のオーラ　・親

と，数多くのイメージを知ることができました。同時に，ヒーロー（ヒロイン）とはいろいろなものがあるのだなと，多くの可能性を感じながら，私自身，ヒーロー（ヒロイン）について見えていなかったものがたくさんあるなと感じました。

> あなたのクラスの中にどんなヒーロー（ヒロイン）がいますか？

　昨日の昼休み，私はヒーロー（ヒロイン）を見つけました。写真の子です。黒板をきれいにしていました。理由は当番だからです。自分はチョークの粉まみれになりながらも，そのチョークの粉がついていた黒板を，次の時間のために，次に使う先生のために，次に見る仲間のために，一生懸命きれいにしていました。その姿を見て，私は素直に「美しいな～」「これもヒーロー（ヒロイン）だな」と思いました。

和―がんばることを支え合う―

（松岡　美幸）

「学級で楽しめる」
アイデア

1 みんな笑顔で，みんなで座る

　2年生に進級しても，4月当初は緊張するものです。緊張をほぐすには，大きな声を出したり，スキンシップをとったりすることが効果的です。そこで，仲間づくりのレクリエーションとして「みんな笑顔で，みんなで座る」を紹介します。

　「みんなで座る」と聞いて，「えっ座るだけ？」と思われるかもしれませんが，これが簡単そうでチームワークがないとできません。小さくみんなで集まって，「せーの」の合図で，隣の人の膝に座ります。床に座り込むのではなく，仲間の膝に座り合う。タイミングがずれるとバランスを崩して倒れてしまいます。気持ちをそろえて，タイミングよく座ると，お互いが支え合い，全員が楽な姿勢で座ることができます。ぴたりと決まったときの一体感はとても心地よく，仲間意識が深まります。

❷ すごろくトークで盛り上がろう

　右の紙をグループごとに配付します。グループ内で順番を決め，サイコロをふります。

　グループですごろくを行うだけですが，生徒にとっては想像以上に楽しく，新鮮に感じられるものです。

　すごろくのマス目に，学年の教師のユニークな写真や生徒が楽しめる工夫を盛り込むことで，大いに盛り上がり，クラスの雰囲気が明るくなります。

　４月当初に大切なのは，生徒

注：これは２学期用のものです。学期はじめにも項目を少し変えるだけで使えます

が「クラスが楽しい」と感じられることです。学級集団づくりはみんなで楽しめるものから始めてみてはいかがでしょう。

❸ 「学級目標のデザイン」をクラス全員で決めよう

　学級目標が決まったら，学級目標の掲示物のデザインをクラス全員にかかせます。全員参加にするのは一人ひとりに学級の一員としての意識をもたせるためです。絵の得意・不得意に関係なく「思いをこめてかくことが大切だ」と生徒に伝えます。できあがったデザイン画は黒板に掲示し，クラスみんなで鑑賞する時間をつくります。その上で，学級目標の掲示物のデザインを投票で決めます。学級目標を「みんなで決めた」という実感をもち，互いのデザイン画のよさについて語り合うことで，自然と雰囲気があたたかいものになることが期待できます。

4 クラス発表会の準備をしよう

他クラスと相談し，クラスごとの発表会を計画してみてはいかがでしょうか。

1か月後にクラスごとの発表会をすることを生徒に伝え，自分たちで何を発表するかを話し合わせます。

「動画を撮りたい」「ミュージカルみたいなことをやりたい」「みんなで踊りたい」など，様々な意見が出ます。

内容は，生徒の判断に任せ，教師はアドバイザーに徹して，見守っていく姿勢をもちたいものです。

これはクラスの劇で使われた手作りのお面です

生徒のやる気を汲んで，できる限り生徒がやりたい活動を認めてあげましょう。

中学2年生になると，自分たちで考え，企画することを楽しむようになってきます。その過程の中で，子どもたちは驚くほど成長していきます。

5 クラス発表会で盛り上がろう

「クラス発表会」を開催し，各クラスが準備してきたことをおひろめします。お互いのがんばりを認め合い，楽しく見合う時間を大切にしたいものです。

クラス発表会は，みんなで共通の目的をもってがんばった活動です。発表会を終えた生徒たちは，充実感，達成感とともに，学年のみんなの前で発表したことで大きな自信をもつでしょう。

集団でがんばることのやりがいを味わわせることで，今後さらによりよい学級集団に成長していくことが期待できます。

（三品　慶祐）

あの手この手で信頼を得る4月

第一印象で教師が生徒に判断されること

　4月のスタートは，教師も生徒もお互いがどんな人間なのかを探り合う時期です。そのような時期に，教師としていかに生徒から信頼されるかが，1年間の生徒指導を行っていく上で重要になってきます。では，生徒が教師を信頼できるかどうかを判断する材料はどこにあるのでしょうか。それは，**自分たちの思いを受け止め，認めてくれる人であるかどうか**，です。

　始業式当日。担任発表があり，教室で行う初めてのあいさつで考えてみます。

【パターンA】
生徒全員：「おはようございます」
教師　　：「声が小さい！　やり直し！」

というやりとりがあったとします。生徒は，クラス替え初日で，初めての担任を前に，緊張しながら自分なりの精一杯の声を出しました。きっと声は思ったよりも出ないでしょう。**その思いを受け止めずに，ばっさり切り捨てやり直しをさせる。これでは生徒に私たちのがんばりを認めてくれない先生なのでは？という思いを抱かせます。**やり直しをさせるのであれば，思いを受け止めながら期待を寄せる，パターンBのようにしましょう。

【パターンB】
生徒全員：「おはようございます」
教師　　：「おはようございます」
　　　　　「初めてのメンバーで，今日は緊張しているよね。
　　　　　でも，みんななら，もっと声を出せる気がするな」
　　　　　「もう1回やってみる？」

　さらに，パターンCのように手本となる生徒を見つけてすかさずにほめて，教師が合格とするあいさつの基準を示しておくのもよいでしょう。また，「先生は嬉しい」などと，主語を「私」にして，教師の思いを素直に伝えることも有効です。

【パターンC】

生徒全員：「おはようございます」

教師　　：「おはようございます」

「○○くん，大きな声ですばらしい。みんなが緊張していてかたくなっている中，思いきって声を出してくれて嬉しい。ありがとう」

　3つのパターンの違いはあまりないように思えるかもしれませんが，生徒にとっては，自分たちの思いを受け止めて認めてくれる担任なのか，さらにはほめてくれる担任なのかといった判断基準となる，重要なやりとりなのです。

会話がだめならまずは文章で勝負！

　4月の出会いから，どうアプローチをしてもなかなか心を開いてくれず，本心が見えてこない生徒がいます。その原因は，ただの人見知りから教師に対する不信感や警戒心の表れまでと様々です。直接話しても目が合わず，会話がまったく続かなかったり，逆に距離をとられてしまったりすることもあるかもしれません。そんなときは，会話でのコミュニケーションではなく，毎日の生活について書く日記など，文章での交流で距離を縮めていきましょう。少しでも，どんな内容でも，書いてきてくれたときには，その何倍も丁寧に返事を書いて交流してみましょう。文字であれば，生徒も伝えられることがあるかもしれません。あきらめず粘り強く，しかし，焦らずにやりとりを続けていけるとよいと思います。

日々ほめていれば，しかったときに心に響く

　人は誰でも，できていないこと，だめなところに目がいきがちです。「自分の長所と短所を思い浮かぶだけ書きなさい」と指示をすると，8割くらいの生徒が，短所の方を多く書きます。だからこそ，教師は，意識的に生徒のよい行動や言動に目を向けていく必要があります。

　自信のなさや自己肯定感の低さをカバーするには，やはり教師がほめることです。ほめられて嫌な気持ちになる生徒はいないはずです。だからこそ，学校生活の至るところでほめるのです。内気な女子生徒などは，全体の場でほめられることを嫌がることもあります。全体の場でほめるのか，個別にほめるのか，それは個々の生徒に応じて判断していく必要があります。

　教師は「すごいね」「ありがとう」とほめたり感謝したりしながら生活する習慣を身につけたいものです。普段，たくさん認めてほめてくれる教師だからこそ，しかるときには，生徒の心にずしりと響いていくのです。

（田中友二郎）

年度はじめの環境・システムづくり

「教室環境」づくり

❶ 整理整頓を見える化する

はさみ，画鋲，マジック，鉛筆けずり，穴あけパンチ……みんなで使えるように教室に置いておくと便利なものがあります。それらを置く共有スペースをいつも整った状態にしておくためには工夫が必要です。そこで，トヨタ自動車が生み出したトヨタ式をヒントにした片付けの工夫を紹介します。

はさみ，画鋲，マジックのようないわゆる小物はボックスに整頓して入れ，何段目に何が入っているのかを明示します。鉛筆けずり，穴あけパンチのような大きめのものは，スペースを決め，その置き方まで明示します。これなら，毎度「先生，これはどこにしまうのですか？」と聞かれることも，片付けが苦手な生徒が困ることもありません。「使ったものはもとの場所へ！」などのポスターを貼ったり，呼びかけたりするよりも，整理整頓された状態が視覚的にわかるため，効果的です。他にもトヨタ式から学ぶことはあります。関連書籍もたくさん出版されているので，一読してみてはいかがでしょうか。

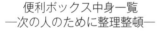

便利ボックス中身一覧
―次の人のために整理整頓―

| 学級名簿 |
| 原稿用紙など |
| 掲示関係 ・のり ・画鋲 ・磁石 など |
| 清掃関係 ・消しゴム ・スポンジ など |
| マジック |

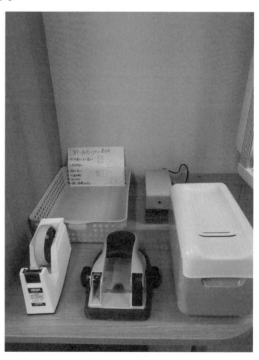

❷ 見えないところをきれいに① ロッカーの中

　整理整頓が苦手な生徒は，順番や配置を考えずにとにかくロッカーにものを押し込もうとします。しかし，無理に入れるので，ふとしたときに雪崩のようにくずれてしまいます。ロッカーの上にものを置かせることは，基本的には避けたいものです。

　そこで，生徒にロッカーに注目させ「誰のロッカーがきれいですか？　どんなところがよいですか？」と尋ねます。すると「教科書などの本は立てる」「シューズ入れからひもが出てしまわないように，向きを工夫する」などのポイントに気づきます。

　また，絵の具や習字道具などの期間限定の用具は，使い終わったらすぐに持ち帰ることも指導すべきです。

❸ 見えないところをきれいに② 机の中

　ロッカーの中をきれいにしたら，机の中にも目を向けたいものです。机の中はロッカー以上に人の目が行き届かないので，個人の高い意識が必要になります。教師や係が毎日チェックするわけにはいきません。

　そこで，折を見て使う机を変えるというアイデアをおすすめします。例えば，席替えは机の中身を出して，荷物も人も入れ替えます。教科で行う小テストの際も，机はそのままで人だけを番号順に並べ替えます。こうすることで，机は借りものであるという意識が高まり，中を整えようとします。また，机に落書きをするという不届き者もいなくなります。

（芝田　俊彦）

「給食」
のシステムづくり

① 配膳の時間を計測&表示する

給食の目的は会食をすることなので，その準備にはなるべく時間をかけず，てきぱきと行わせたいものです。そのため給食当番はもちろん，クラスのみんなが時間を意識して行動するために，タイムを計測するというアイデアです。

4時間目のあいさつ終了後すぐに，係の生徒がストップウォッチを動かし，「いただきます」までの時間，つまり準備にかかった時間を計測するのです。みんなが見ることのできるモニターにタイムを表示するとより効果的です。学級の現状を見て「10分以内に準備する」などの目標を立てることもよいでしょう。タイムを見える化することで，意識の高まりが期待できます。

ただし，生徒が時間を意識するあまり，衛生面や安全面が犠牲になっては元も子もありません。配膳にしっかり目を配ることは担任が責任をもって行います。

2 机上の配置を美しく

日頃から整理整頓を意識させ，教室環境を整えることが大切なのはいうまでもありません。整った環境の中に身を置くことで，生徒が落ち着いて学校生活を送ることができるからです。

給食中も例外ではなく，机上を整え
ておきたいものです。何も指示をしな
いと，筆箱や教科書などを置いたまま
にする生徒がおり，配膳の際にじゃま
になります。

また，給食で使う食器はいつも同じ
です。そこで，食器や牛乳瓶など，そ
れぞれを置く位置を統一します。些細
なことですが，こうすることで全員の
給食がそろっているかどうかが一目で
わかります。トラブルの予防にも一役
買います。

3 片付けはグループで協力して

片付けをグループでさせることには，いくつかのメリットがあります。食器をまとめて運ぶことで，一人ひとりが片付けるよりも効率がよくなったり，協力やコミュニケーションのきっかけになったりします。

また，きれいに食べようとする意識が高まるというメリットもあります。グループで食器の分担を決めて集めることで，自分が使った食器がグループの仲間に見られることになります。
級友の目が，食器にごはん粒やおかず
が残らないように，きれいに食べよう
という気持ちにさせてくれます。

担任は，きれいに片付けられたこと
をほめたり，食器を運ぶ生徒が偏って
いないかや決め方に不平等がないかに
目を配ったりするとよいでしょう。

（芝田　俊彦）

「日直」
のシステムづくり

1 日直の一言で１日を締めくくる

　帰りの会の締めくくりは，誰がしているでしょうか。担任が締めくくるものだと思い込んでいないでしょうか。中学２年生ともなれば，その日の学級でのエピソードをもとに，ちょっと気のきいた一言を言えるようになりたいものです。この思いから，日直が１日を締めくくるアイデアです。

　締めくくりの言葉は決まっていないので，日直になった子どもは，学級の様子に目を配ったり，授業で感じたことをメモしたりしながら過ごすようになります。

　これらをもとに，１日の終わりにその子どもらしい言葉が発せられるようになると，生徒たちもその言葉を楽しみに待つようになります。「○○くんの100m走のときの必死な顔がよかった。○○くんの顔ではありません。応援していた△△さんの顔です」など，学級の１コマを切り取った言葉が大いに受けます。言葉から人となりを感じたり，コミュニケーションのきっかけになったり，ときには笑いが起こったりします。些細なことですが，クリエイティブな活動であり，子どもなりに工夫する子も出てくるおもしろいアイデアです。

❷ 日直は１人で担当させる

　日直の仕事は，朝や授業後などに窓を開け閉めしたり，黒板をきれいにしたり，日直日誌を記入したり，帰りには教室環境を整えたり施錠したりと，学級のルールにもよりますが，意外とたくさんあります。

　仕事Ａ，仕事Ｂのように分けて日直を２人制にしている学級も見かけますが，日直をあえて１人で担当させるという方法もあります。責任者を１人にして，まわりに助けてもらうことを担任が推奨するのです。実際に自分が日直になってみるとその大変さを身をもって知ります。すると，義務としてではなく，お互いさまという気持ちで手伝ったり手伝われたりという関係が生まれます。

❸ 黒板消しは日直に担当させる

　日直の仕事は学級担任の考え方で異なります。例えば授業で使う黒板をきれいにするのは誰の仕事でしょうか。「黒板係」としていつも同じ生徒が消している学級もありますが，日直の仕事にすることをおすすめします。その理由は，黒板はみんなが使用するもので，一部の生徒だけが気にかけるべきものではないからです。黒板がきれいな方が，教科担当の教師も授業を受ける生徒も気持ちよく授業ができるという感覚を生徒にもたせたいと考えます。

　また，黒板が汚れていたら自主的にきれいにしたり，日直に伝えたりすることのできる学級にしたいものです。係だけの仕事ではなく，全員が平等に経験することで，お互いに寄り添うこともできるようになっていきます。

（芝田　俊彦）

「掃除」
のシステムづくり

① 役割と道具を１対１対応させる

　教室にほうきは何本あるでしょうか？　ぞうきんは何枚置いてあるでしょうか？　生徒に役割を割り振ったら，その人数分の掃除道具をそろえましょう。たりないのは問題外ですが，余るのもあまりよいことではありません。できる限り１対１対応になるようにしましょう。

　そうすると，道具が汚れたり，壊れたりすると必然的に申し出るようになります。余裕をもって置いておくと，壊れかけていたり，使いにくかったりする道具がそのまま，道具入れの中に放置されている状態になります。断捨離の精神ではないですが，道具を必要最低限にしておけば，一つひとつの道具を大切に使おうとしたり，掃除道具入れの中がすっきりしたりとよいことずくめです。

❷ ぞうきんを色で分けて管理する

　ぞうきんと一口に言っても使い方は様々です。机やロッカーの上，窓，椅子の脚，床などを同じぞうきんで拭かせることはないと思います。

　そこで，ぞうきんに用途別に色をつけ，それぞれの色ごとに置く場所を決め，管理させるのはどうでしょうか。このようにすれば，用途の違うぞうきんが混ざることもないし，仮にぞうきんがどこかに放置されたり，なくなったりしても対応しやすいです。

　右図ではぞうきんの縁にマジックで色をつけていますが，紐をミシンで縫いつけてもわかりやすくて効果的です。

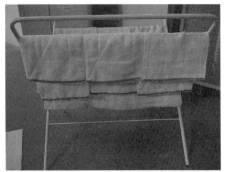

ぞうきんの使い方

上段（赤色）：机，ロッカーの上
中段（緑色）：窓
下段（黄色）：床，椅子の脚

❸ "きれい"の基準をもつ

　掃除の目的はその場所をきれいにすることです。当たり前のことですが，その目的が達成できるような指導をしなければいけません。掃除をしていればよい，がんばっていればよいというわけではないということです。生徒たちに担当する掃除場所の"きれい"の基準をもたせなければいけません。

　例えば，トイレであれば便座の裏は汚れていないか，手洗い場は水拭きできれいにした後に水が拭きとってあるかなど，教室であれば物が置いてあるところや隅までほこりをとったか，黒板の桟は丁寧に水拭きしてあるかなどです。できていなければ，教師が具体的に掃除をやってみせ，丁寧に指導します。次は，同じようにできているかを重点的にチェックします。

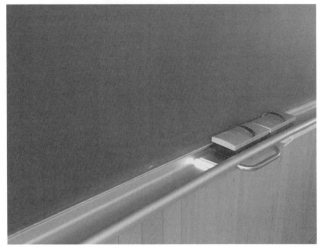

（芝田　俊彦）

「座席・席替え」
のシステムづくり

① 座席は意図的に決める

　２年生ともなれば，クラスにとってどんな座席配置がよいのかを考えられる生徒が出てきても不思議ではありません。しかし，少なくとも２学期を終える頃までは，安易に生徒に座席を決めさせたり，くじびきで決めたりすることはリスクが高いといえます。クラスの誰とでも対話的な学びが生まれるようにという理想を語りながら，教師が座席を指定します。

　教師が意図をもって座席を指定するためには，生徒の様子をよく見る必要があります。例えばコミュニケーションをとる必要がある生徒は，教卓のごく近くに配置しましょう。人間関係で困っている生徒がいれば，誰が近くにいると安心できるかを観察したり，ときには本人に尋ねたりすることで，安心感を与えられます。生徒の立場に立って，時間をかけて考えることで，ある程度納得のいく座席表をつくることができます。「私はみんなのことをよく考えて，この座席に決めた。一人ひとりそれぞれがその座席における役割を感じ，行動してくれると嬉しい」と伝え，まわりのためを思って行動する生徒を育てていきましょう。

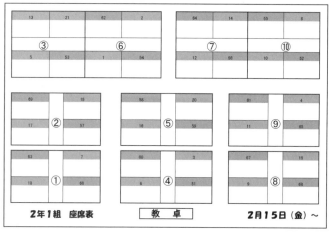

2年1組 座席表　　　教　卓　　　**2月15日（金）～**

❷ 生徒の声に耳を傾ける

1で紹介したように，基本的には教師の意図が十分に組み込まれた座席を生徒に発表します。しかし，実際には，座席を発表してから見えてくることもあります。例えば，教科による差です。担任が受け持つ教科ではよく発言し，グループの士気を高めてくれると思っていた生徒が，実はその教科が得意なだけで，他教科ではうまくいかず，そのグループが停滞してしまったということもあります。

事前に他教科の教師にも見てもらうことで回避できることはありますが，偶発的な人間関係のトラブルなど，そのときに対応しなければいけないこともあります。そこで，授業で困った場合には，遠慮なく相談するよう生徒に伝えておきます。生徒が育ってくると，自分の困り感だけではなく，まわりの状況を見て「隣のグループ活動がうまくいっていません。この子かこの子を移動させてはどうでしょうか」などと相談，提案にくることもあります。

❸ 席替えの周期にはある程度の法則を

席替えのタイミングはある程度，決めておくとよいでしょう。当番活動や日直が1周したときや，定期テスト後などがわかりやすくてよいと思います。

席替えの周期がある程度わかっていることで，人間関係のトラブルや困っていることを，機を見て相談してくる生徒もいるかもしれません。

あくまである程度としたのは，困っている生徒が出たときにはよく話を聞き，部分的に入れ替えたり，場合によっては思いきって全部変えてしまったりするのもよいからです。

（芝田　俊彦）

「朝・帰りの会」
のシステムづくり

❶ 1日の振り返りは具体的に

　朝に目標を決め，帰りにそれを振り返るというシステムを取り入れている学級は多いように思います。生徒が1日の目標を決めることで，生徒の主体性を育てるというねらいがあります。しかし，それが形式的になってしまうとねらいは達成されません。生徒が発する目標には「1日の授業をがんばりましょう」「移動教室があるので早く行動しましょう」などの漠然とした，達成されたかどうかが曖昧なものも少なくありません。

　そんなときにはつっこむチャンスです。担任が「例えば？」と具体化していくのです。目標を提示した生徒以外の生徒に尋ねるのもおもしろいです。「授業をがんばろうということでしたが，あなたは今日どの授業をどのようにがんばりますか？」と聞き，「数学のグループ活動で，わからないことを自分から聞こうと思います」などの具体的な姿がイメージできるような発言を引き出します。小さなことですが，毎日の目標を達成させることの積み重ねが，大きな成長へとつながっていきます。

❷ 発信に気持ちをこめる

　係や委員会からの連絡は，ただ読みあげるのではなく，事前に資料を持たせたり，伝える話をまとめさせたりするなどの事前準備をさせます。また，係や委員会からの話は連絡だけではなく，企画への参加を呼びかけるなどの依頼もあります。その際は，企画のポイントを整理させることはもちろん，その後の協力態勢にも目を向けて指導します。

　具体的には，学級としてのゴールイメージを共有したり，そのゴールに向けての途中経過を報告させたりします。円滑に進んでいない場合には，依頼する側に問題があるのか，周囲の協

力態勢に問題があるのかを見極め，改善させます。必要に応じてこれを繰り返し，係や委員会の生徒が「みなさんの協力のおかげでうまくいきました。ありがとうございました」とお礼を述べたところで完了とします。

❸ 教師が時間を守る

　生徒にはなるべく効率よく時間を使うように指導します。しかし，学校を見渡すと，終了のチャイムが鳴っているにもかかわらず，教師が話し続けている場面を見かけることがあります。思いついた順に話をしているとこうなりがちです。

　チャイムが鳴れば，他のクラスの生徒は次の活動に移っていますから，教室にいる生徒は気もそぞろになってしまいます。心の中で「早く終わらないかな……」と感じている生徒がいて

も不思議ではありません。定刻主義を心がけ，時間通りに終われるよう準備しておきましょう。教師が常に時間を意識して行動することで，生徒も時間を大切に使うようになります。

4 黙想で静寂をつくる

　学級の仲が深まるのは好ましいことですが，ざわざわと落ち着きがなくなってしまうことはないでしょうか。帰りの会は翌日の連絡などを確実に伝えるためにも，落ち着いた雰囲気の中で行わせたいものです。

　そこで，柔道や剣道のように，会の始めに黙想をしてはどうでしょうか。目と口を閉じて，

1日の振り返りをさせます。何も考えずに1分間，目を閉じるというのもよいでしょう。

　教師が「静かにしなさい」と指示をするよりも，静寂の心地よさを体感させた方が，自然に静まるようになります。楽しい時間を過ごしながらも，さっと切り替えて静まることのできる学級に育てたいものです。

5 テーマトークで傾聴する雰囲気づくり

　小学校の思い出，最近嬉しかったこと，いつか成し遂げたいこと，関心をもっていること，自分を色で表すと……などのテーマを設定して，ペアで話をさせます。適度な声量や，伝わりやすい表現の工夫など，話す側への指導も大切ですが，聞く側の指導はそれ以上に大切にしたいものです。

　相手の話を否定しないこと，頷いたり，反応したりすることなどのマナーを説明します。

　「うんうん」「へぇ」などの相づちが生まれる段階を経て，様子を見て「例えば？」「どうして？」などの質問をさせることで，より話す側の意欲を高めることができます。

　いつでもしっかりと受け止めてくれる，聞いてくれると感じることで，誰もが安心して話すことのできる学級集団に近づいていきます。

（芝田　俊彦）

印象深い2人の男子生徒

感情をコントロールできないAくん

　授業のため美術室に向かう途中，廊下で1年生の男子生徒が取っ組み合いをしていました。あわてて間に割って入り，興奮しているAくんをなだめるため，彼を空き教室に連れて行きました。**体格はよいけれど，言動が幼く，おどおどした態度のためか，よくからかわれている**生徒でした。また，**高機能自閉症の疑いがあり，感情をためて爆発するタイプ**でもありました。

　「いったい，どうしたの」

　「……」

　「あなたが理由もなく一方的に向かっていったんじゃないでしょ？　理由を教えて」

　彼はしばらくの間言いよどんでいましたが，

　「水泳の授業で着替えるときに，体毛が生えているのを見られてからかわれた。恥ずかしいのとくやしいのとで腹が立った」

と打ち明けてくれました。第二次性徴の思春期まっただ中です。デリケートな話をよく教えてくれた，と私は嬉しく思いました。

　「なるほど。なんて言われたの？」

　「もう毛が生えてるんだね，大人だな〜って。すごく，嫌な言い方だった」

　「そうか。じゃあ，**今度そういうことを言われたら，まだ生えてないの，子どもだな〜って言い返せばいいよ**」

　Aくんは，私のこの返事が意外だったようで，きょとんとしていました。

　2年生で彼の担任になりましたが，からかわれて鬱憤がたまると爆発するのは変わりません。あるとき，トラブルの現場に駆けつけて，2人きりになりなだめていると，

　「本当はけんかみたいにしたくない。でも，カッとなると自分がおさえられない。どうしたらいいかわからなくて怒鳴ったり暴れたりしちゃう」

と心情を吐露しました。**Aくん本人が一番苦しいんだ**，と思わず涙が出そうになりました。まわりのからかいをなくせないことも，教師として申し訳ない思いでいっぱいです。

　「じゃあ，学校でそうなったら，授業中でも部活中でも会議中でも，いつでもいいから先生のところにきて。先生があなたの言い分を全部聞くから。落ち着くまで一緒にいるから」

　Aくんは，びっくりして，

「職員室にも行っていいの」
と尋ね返してきました。
　「学年主任の先生や，校長先生にも話しておくから大丈夫だよ」
　３年生でもＡくんを担任しましたが，彼は卒業するまでに４回，私のところへ興奮状態で駆けつけてきました。
　「先生，今，気持ちがいっぱい！　やばい」
　「よく我慢したね，あなたの勝ち逃げだね！」
　今でも折にふれて思い出す生徒の１人です。

感情を笑顔で隠すＢくん

　いつもにこにこ笑顔を絶やさない男子生徒Ｂくん。担任して，この笑顔が曲者だと気づくのに時間はかかりませんでした。彼は，とにかく笑顔です。たとえ，しかられているときでも。
　Ｂくんは，無気力タイプの問題生徒でした。学力は低くないし，人当たりもやわらかいのですが，遅刻や忘れ物が多く，課題を出さない，授業中居眠りする，部活をさぼる等々，とにかく，**やる気やがんばりといった言葉からはほど遠い生活態度**でした。
　そんなＢくんが，なんと文化祭合唱コンクールの指揮者に選出されたのです。
　はじめは，まわりの男子の，「Ｂが舞台上でへらへらしていたら採点に響くから，顔の見えない指揮をさせたらいいかも」というノリで推薦されました。クラスで選んだ合唱曲は「親知らず子知らず」。途中で拍子が変わり，中学２年生にはなかなか難しい曲です。他の生徒が尻込みする中，Ｂくんは例によって笑顔で引き受けました。ちなみにＢくんは音楽が苦手です。
　ここで発憤したのが，合唱コンクールに燃える女子たちでした。
　「そんな理由で推薦された指揮者には任せられません」
　案の定の抗議です。しかし，私が感じ入ったのは，女子たちの次の言葉と行動でした。
　「でも，Ｂくんは引き受けました。だから，みんなでＢくんを鍛えて，しっかり指揮をさせます！」
　猛特訓が始まりました。女子が何人かでグループをつくり，帰りの会の後，毎日Ｂくんを取り囲んで，ＣＤにあわせて指揮の練習です。指揮経験のある女子がお手本を見せたり，一緒に振ったり。そこはＢくん，なんとなく迷惑そうながらも，いつも笑顔で練習していました。
　文化祭が近づくにつれて，女子たちの特訓はますます熱を上げ，Ｂくんの指揮ぶりも様になり，男子たちが「Ｂ，ほんとはすごいんだ」と言うまでになりました。
　文化祭合唱コンクール本番，舞台に向かうＢくんの表情は引き締まって真剣そのものでした。

（玉置　潤子）

春の行事指導の
ポイント＆
アイデア

「職場体験学習」
指導のポイント＆アイデア

✔早期から計画を立てる

　職場体験学習の日程を見て，2年生のできる限り早い時期から計画を立てます。体験が春や夏の学校は，1年生時から計画を立て始め，当日までのイメージを教師がしっかりともちましょう。

✔早期にオリエンテーションを行う

　職場体験学習の日程は決まっているので，日程や目的など大まかな内容を伝えるために早期にオリエンテーションを行うと，生徒が先を見通すことができます。それとともに身だしなみ，あいさつ，返事など，職場体験学習に向けた指導を始めます。

✔職業について学ぶ

　総合的な学習の時間等を使い，進路学習を進めます。中学2年生の生徒は，職業についての理解は非常に乏しいため，どんな職業があるのか，その仕事にはどんな人が向いているのか，自分の適性など，職場体験学習前に職業について学ばせましょう。

✔実際に職業人から学ぶ

　働いている方をお呼びして講演をしていただくことで，具体的なイメージをもつことができます。事前に生徒に質問したいことを考えさせておきます。また，実際に現場にいる人の思いや考えを知ることで，職場体験学習への士気を高めることができます。

✔どこで学ぶかではなく何を学ぶか

　飲食店に行きたい！幼稚園に行きたい！という言葉を生徒からよく耳にしますが，体験はどこへ行くかよりも，そこで何を学ぶかが重要です。働く人がどんな思いで，どんな仕事をしているかを学ぶことが目的だと何度も繰り返して生徒に語り，理解させましょう。

✔体験させていただけることへの感謝

　多くの事業所が生徒のために手間や時間を費やしてくれます。事前学習から体験させていただけることへの感謝の心を育み，「体験させてくださりありがとうございます」の一言を心から言えるようにさせたいものです。

「職場体験学習」指導のアイデア

❶ 熱意を伝える面接

　生徒が体験する事業所を決めるために，生徒にアンケートをとる学校は多いと思います。

　そのアンケートにプラスして生徒全員面接を行います。面接では，「第一希望の職種を希望した理由」のみを質問します。

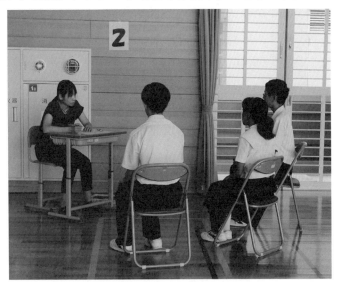

　面接の準備期間に何度も理由を書いたり話したりする中で，次第に表現力がついたり，将来の夢が見えてきたりします。

　自分の思いを言葉にすることや人前で話すことが苦手な生徒にとっても，とてもよい経験になります。

❷ プロから学ぶコミュニケーション

　専門的な方をお呼びして，電話のマナーや接客のマナーなどを教えていただく機会がありました。姿勢や話し方などを丁寧にわかりやすく説明していただけたため，生徒にとっても私たち教師にとっても大変勉強になりました。

　講座の前と後では生徒のあいさつの仕方や言葉づかいに大きな変化が見られます。講座が終わった後の生徒の振り返りを読むと，「笑顔を意識したい」など，より相手を意識した視点が加わりました。職場体験学習では，一緒に働く事業所の方，お客様などとコミュニケーションをとることが大切です。こうしたことを学べるよい機会をつくり出したいと思います。

❸ 夢をふくらませる職業調べ

　長期休みには，職業調べを宿題にすることで，職業に対する関心を高めることができます。

　例えば，１年生の冬休みには「身近な人の職業調べ」と題して，家族や知人に職業についてインタビューをさせます。２年生の夏休みには「興味のある職業調べ」として，１学期に学んだ職業や，将来つきたいと考えている職業など，自分の興味にあわせてインターネットや書籍，インタビューを通して調べさせます。宿題にする場合には，わかりやすいように枠や項目を指定して，調べることやまとめることが苦手な生徒も進んで取り組むことができるようにします。また，完成したレポートは教室の廊下等に掲示して，他の生徒が見ることができるようにしましょう。

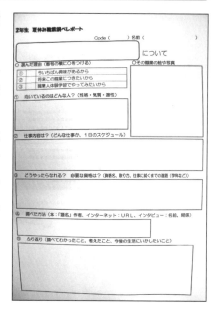

❹ 心の準備を後押しする学級通信

　職場体験学習では，少人数で様々な事業所へ行くことになります。そのため，不安な気持ちを抱く生徒も少なくありません。そこで，学級通信を活用する心の準備のアイデアを紹介します。「事業所の名前は？」「担当者の名前は？」などの記述式の問題や，「元気よくあいさつできますか？」「すぐにごめんなさいと言えますか？」などの簡単に答えられるイエスノー問題を学級通信に載せ，短学活の時間に記入させます。それを隣同士で見せ合い，お互いにアドバイスし，不安を共有することで，みんなでがんばるぞ！という意識を高めます。

（宮内　祐未）

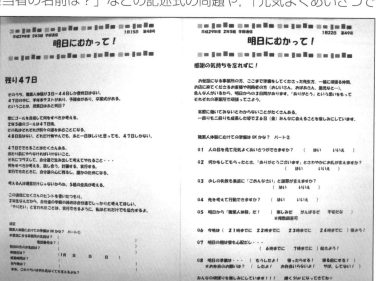

「学年行事」
指導のポイント＆アイデア

✔ ねらいを明確にする

なぜ学年行事を行うのか，それを通して学年・学級をどのような姿に成長させたいのか，教師がしっかりとねらいをもち，生徒に伝えます。企画・運営を生徒に任せる場合は，その企画がねらいに沿っているものなのか，常に教師が確認します。

✔ 計画を生徒と一緒に立てる

教師が立てた計画に生徒を従わせるのは簡単ですが，生徒と一緒に考えることで，生徒の行事に向けての意欲を高めることができます。当日まで何日あるのか，それまでに何ができるのか，計画の立て方も一緒に教えましょう。

✔ 学級のよいところを見つける

学年行事を通して，学級のよいところを再確認させたいものです。「仲のよいところ」「元気なところ」「あいさつができるところ」など，学級のよいところを見つけ，自信をもって表現できるようにしましょう。

✔ 時間を上手に活用する

休み時間や，給食を食べた後の時間など，あいている時間に生徒が行事に向けた準備ができているかを見ておきます。こうした時間を活用して，行事の準備がしたいと生徒たちに思わせる教師の働きかけをしましょう。

✔ 全員に役割をつくる

行事を行う上で，準備期間から一人一役の役割を用意します。作戦を立てる係や，行事までのカウントダウンカレンダーを作成する係など，準備のときから全員に役割を確実に与え，活動状況を確認しながら進めていくとよいでしょう。

✔ 企画した生徒をねぎらう

学級を引っぱったリーダーたちが，終わった後に「やってよかった」と感じられるようにしたいですね。学級の生徒たちが，このリーダーのおかげで行事ができた，ありがとう，の気持ちをメッセージカードや黒板に書いてプレゼントするのもよいでしょう。

「学年行事」指導のアイデア

1 学級のよいところをテーマにした劇

　学級で1つのものを創りあげることは，学級を成長させるきっかけになります。そこで，学級で1つの劇を完成させ，学年集会で披露し合います。劇のテーマは「学級のよいところ」とし，時間は5分以内などと決めて，台本を考えるところから始めさせます。童話やアニメのストーリーを参考にして，学級のよいところを表現させます。途中で合唱やダンス，コントなどを入れてもおもしろいです。

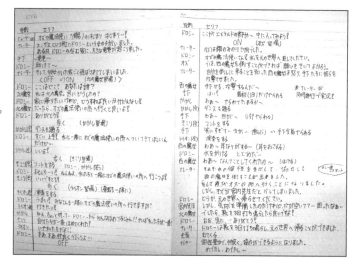

2 共同制作

　共同制作の時間を1時間程度取り入れると，生徒は落ち着いた雰囲気で楽しむことができます。モザイクアートやちぎり絵など，学年で1つの大きな作品を完成させましょう。生徒1人もしくは数名で1枚のパーツを制作することになります。体育館などの広いスペースで小さい紙に数人が身を寄せ合って制作する中で，生徒同士はもちろん，生徒と教師も会話を楽しむことができます。

　完成した作品を披露したときの「お〜」という歓声に，デザインを考えた生徒も嬉しくなります。1年間掲示するだけでなく，卒業式の日には廊下に掲示すると，素敵な門出の演出にもなります。

❸ ギネスに挑戦！

　学年でギネスに挑戦！　各学級から１人代表を出して，「フラフープを何回回せるか」「アルミ缶を何個積みあげられるか」に挑戦します。挑戦者は一生懸命ギネス世界記録を突破しよう

とがんばりますし，見ている側の生徒は代表生徒を必死に応援します。全員が一体となることができます。

　また，学年全員で挑戦するものもあります。折り紙を何枚折れるか，学年全員が輪になってハイタッチ……ギネスにないものでも，みんなで挑戦することにおもしろさがあります。つくった折り紙はその後，学年の掲示物としても活用できます。

❹ 制作したものは教室の掲示物に

　学年行事で制作した小道具などは，その後学級に掲示すると，１年間残しておくことができます。そのため小道具を作成するときには，掲示することまで意識させるとよいでしょう。小

道具以外にも，行事の目標を書いたものなどを，１年間掲示して残しておくことで，学級の成長の記録となります。

　この学級では，この後，お城の上にレンガのように担任が撮影した写真を貼っていきました。少しずつ完成していく掲示物も見ていて大変おもしろいです。

（宮内　祐未）

「体育大会・運動会」
指導のポイント＆アイデア

「体育大会・運動会」指導のポイント

✔ 理想の姿をデザインする

生徒が自主的に活動するとは，実際にはどのような様子でしょうか。誰が，いつ，どんなことをできている状態のことか，まずは，自分なりに理想の姿をデザインします。すると，自分が求めることが明確になり，生徒にも伝えやすくなります。

✔ その理想の姿を生徒に語る

理想の姿がデザインできたら，その大枠を生徒に語ります。生徒全員に，理想の姿をイメージさせたところから指導が始まるからです。あとは，生徒が動くのを楽しみに待つのみ。子どもの可能性は無限大です。きっと生徒たちは担任の理想を超えてくることでしょう。

✔ 学級オリジナル組織を立ちあげる

生徒に自主的活動を求めるには，組織も必要になってきます。自分の学級に，行事を成功させるためにはどんな組織があるとよいでしょうか。生徒に考えさせ，組織を立ちあげましょう。学級オリジナルだからこそ，おもしろくなります。

✔ オリジナル組織の具体的な活動内容や期限を定める

活動内容には具体性が必要です。くわえて，いつスタートし，いつまでに完成させるのかしっかりと期限を決めさせます。生徒が話し合ったり，考えたりしなければなりません。当然ですが，時間も必要です。全体の計画を立てた上で実践することになります。

✔ 生徒の活動のよいところを全体に紹介する

生徒のよい活動や模範的な姿をたくさん見つけましょう。そして，見つけた活動は，学級全体に紹介します。いわゆるモデリングです。生徒は，紹介された内容をまねしようとしたり，さらに上の活動を目指したりするはずです。そうやって生徒の自主性を引き出していくのです。

✔ 日常の活動を振り返る

行事だけに気をとられてはいけません。生徒の自主的な活動は日常の延長線上にあるものだからです。まずは，授業や給食，清掃，短学活などを，教師の指示なく，なおかつ，怠ることなく実践させましょう。

「体育大会・運動会」指導のアイデア

1 一味違う目標を立てる

体育大会に向けて目標を立てる際に，生徒に意識させたいのは「学級目標」です。年度当初に話し合って決めた学級目標を踏まえた上で，体育大会の目標を立てさせましょう。しかし，ただ目標を立てさせるだけでは体育大会の目標が抽象的なものになってしまいます。生徒がイメージを共有して，実践できる，成果が明確にわかるものが目標といえます。そのためには，「何ができるようになったら OK」なのか，「どんなことが言えたら OK」なのかまで考えさせましょう。そして，これらのことを達成するためには，どうしたらよいか考えさせます。考え

た目標や手立ては必ず大きめの掲示物にして，いつでも確認できるようにします。

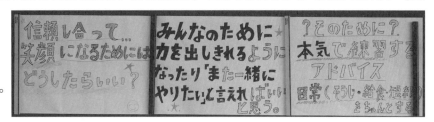

2 その日だけで終わらない掲示物

体育大会の前日に，黒板にメッセージや絵をかく活動はよく見られます。それだけでも十分すばらしいアイデアですが，もう一歩その先を見据えます。なぜなら，黒板は行事が終わったら消さなければいけないからです。画用紙やビニール袋などを使って，伝えたいことを作品にします。すると，体育大会当日はもちろんのこと，体育大会が終わっても，背面の掲示板などに飾ることで，その先にも掲示物として残すことができます。こうして飾られた掲示物は，学級の1年間の思い出や軌跡です。

③ 書きごたえたっぷりな振り返り用紙

　写真は体育大会の振り返り用紙です。真っ白な枠に，気づいたこと，感じたことを書かせます。生徒が充実した時間を過ごすことができると，めいっぱい書いてきます。中には絵で気持ちを表現する生徒もいます。

　回収した振り返り用紙は，通信に載せたり，学級の生徒全員が読めるようなコーナーをつくって掲示したりします。生徒が集まって，１枚１枚仲間の振り返りを読む姿は，何ともいえないあたたかみがあります。

　また，時間や掲示場所に制約がある場合は，短学活で担任が数枚をピックアップして読みます。それだけでも効果は十分です。

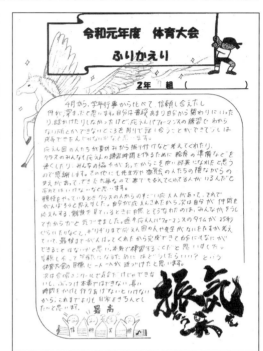

④ サプライズでねぎらいを

　級長や応援団で活躍した生徒たちに，サプライズでお礼を伝えます。手法は，メッセージカードや色紙，ビデオレターなど様々です。体育大会などの行事で中心となって活躍してくれた生徒をねぎらうことは非常に大切です。生徒同士の友情が深まったり，クラスがこれまで以上にあたたかい雰囲気になったりします。

　それだけでなく，ねぎらいを受けた子たちは，次の機会もがんばろうと思うかもしれません。サプライズの様子を見て，自分のがんばりを認めてもらえる集団のためなら，自分も挑戦してみようかと思ってくれる子も出てくるかもしれません。そうやって，子どものやる気を維持したり，引き出したりして，学級をよりよくしていきます。

(武田　慎平)

年度はじめの
生徒指導・
学習指導の
ポイント

「生徒指導」
のポイント

① 「教室の使い方（座席について）」の指導のポイント

　１年過ごしてきたことで，中学校生活にも慣れました。また，出身小学校以外の生徒とも仲良くなり，学校生活が楽しくなる時期でもあります。その反面，２年生はルールを守ることやメリハリをつけて行動することがおろそかになりがちな学年です。

　始業式から３日間は，時間を守ることやロッカーの整理整頓について１年時と同様に，細かな指導を心がけましょう。

　教室においては，引き続き「時を守り，場を清める」ことを基本概念に置き，指導に取り組んでほしいと思います。

●**座席について**

　座席の配列については，一概にいえませんが，隣が同性にならないように男女が市松模様になるような配置がよいと思います。この配列は，縦横のどの向きでペアをつくっても，４人グループになっても，学級全体でコの字型の隊形になっても，必ず，前後左右は異性の並びになります。同性だと，おしゃべりに夢中になり落ち着きのない状態になりやすいものです。また，この市松模様の配置にすると，男女の仲がよくなり，常に自然なかかわりができ，人間関係も良好になります。そうなることで，学級全体があたたかい雰囲気になります。その中で，班になったときに中心となってまとめていける生徒（リーダー）がいるように配慮すればなおよいでしょう。

② 「清掃」の指導のポイント

　掃除が行き届いていると，人は落ち着いて生活を送れるといわれます。ですので，掃除の時間はとても大切な時間です。掃除の時間は，「何もしゃべらず，黙々と（心を落ち着かせて）清掃する」ことをクラスで話し，「担当場所専門」＝「担当場所の掃除のプロ」になるように指導します。そのため，短期間で掃除場所を変更させるのではなく長期間のスパンで指導します。そうすれば，掃除を効率よく行ったり，清掃箇所の変化に気づいたりできます。掃除を任されることにより，責任感が生まれ，「きれいにする」ではなく「きれいにしたい」という気持ちになっていきます。気持ちの変化の積み重ねが奉仕の心に変化し，いろいろな場面で生かされていきます。教師は「奉仕の心」でがんばっている生徒を見かけたら，学年（学級）などでがんばっていたことを話したり，学校 Web サイトにあげて紹介したりするなど，そのがん

ばりをほめてあげてほしいと思います。誰もが「認めてもらいたい」という気持ちをもっています。教師が認め，ほめることで徐々に進んで掃除ができる子が増えてきます。そんな学年（学級）にしていけば，荒れることはないでしょう。

【掃除による気持ちの変化レベル】

レベル１　人に言われて掃除する

レベル２　人に言われなくても，自分の清掃箇所をきれいに掃除する

レベル３　自分の担当場所以外のところも汚れやゴミを見つけて掃除する

レベル４　人が気づかない細かな部分までゴミや汚れを見つけ，進んで掃除する

レベル５　人が見ていなくても進んできれいに掃除する

③ 「生徒指導における掲示物」のポイント

　学校生活を送る中で，きちんとできていないことが出てきます。指導をしていきますが，なかなかうまくいかないことも多くあります。そのため，気になる点を他の教師と共有し，生徒指導主事が「今週は○○をできるようになろう」と学校全体の目標を立て，集会等で生徒に伝えていると思います。しかし，話を聞いている生徒は，耳からしか入らない情報は忘れがちです。そこで，「○月の目標」「今週の目標」を，生徒が通る廊下など目につくところに掲示して，意識させましょう。さらに，できている点やできていない点

今週の週目標

「黙働」を徹底し、心を落ち着かせて清掃に取り組もう。

を画像（写真）で示していくと，生徒にも伝わりやすく，意識も高まります。掲示物をうまく

活用し，目と耳の両方で生徒指導をしていくと効果的です。

④ 「生徒への声かけ（注意）」のポイント

　人は，できることよりできていないことの方が目につきます。もちろん，できていないことがあれば，毅然とした態度で指導しなければなりませんが，できていないことばかり言われると人は嫌になり，やる気をなくしてしまいます。だからこそ，普段の生活の中でできていることやがんばっていることを見つけ，ほめることが大切なのです。そのために，教師はがんばっていることに対し，声に出して生徒をほめてあげてほしいと思います。

　普段から認めていれば，できていないことを注意しても素直を聞き入れ，がんばろうとします。また，ほめることで生徒と良好な関係をつくれ，頼みごとをしても，気持ちよく引き受けてくれます。できていないことよりできていることをたくさん見つけ，ほめ言葉を浴びせていきましょう。ただし，当たり前すぎることをほめすぎると相手はばかにされていると感じることがあるので気をつけましょう。

⑤ 「問題行動の未然防止」のポイント

　思春期の時期は，なかなか教師（大人）の指導に素直に従えない生徒が多く，生徒指導においても，困難な場面がたくさんあります。教師が主体となって未然防止活動をするのではなく，生徒が活躍できる場づくりを行い，生徒主体の活動をしていくことが大切です。そのため，生徒会やリーダー会，各委員会と連携して，生活指導と結びつけたキャンペーン活動を実施していくことをおすすめします。こうした活動をすることにより，①子ども同士だから，素直に聞き入れることができ，②生活指導を呼びかけることにより，自らも意識して生活できるようになり，③継続して行うことで習慣化していき，自然と身についていく，といった効果が期待できます。生徒たち自らが行っているため，「当たり前のことが当たり前にできる」ようになり，学校生活（リーダー会による校内パトロール隊）や日常生活にも向上が見られるのです。

⑥ 「休み時間の過ごし方」のポイント

　現在，スマートフォン・SNSの普及によって，コミュニケーションの方法が変化し，生徒同士の縦や横のつながりが希薄になるとともに，人間関係づくりが苦手になっているように感じます。時間がある休み時間などに，できるだけ教室に行き，学級の様子を見てほしいと思います。休み時間は，生徒たちの緊張がほぐれリラックスしている状態なので，

授業中とは違う表情が見られたり，話がたくさん聞けたりします。中学校では，教科担任制ということもあり，担任が教室にいる時間がどうしても短くなってしまいます。生徒たちも本当は担任に聞いてもらいたいことがあるのに，話すタイミングがなく，自分の殻に閉じこもることが少なくありません。だからこそ，教師が意識して生徒たちと楽しくふれあったり，会話をしたりする時間をつくり，たくさんの生徒たちの笑顔が見られるようにしてほしいと思います。笑顔が見られるのは人間関係がうまくいっている証拠です。教師は多忙で思うように時間をつくることは難しいですが，休み時間こそ学級経営を円滑にするチャンスです。

⑦ 「学校Webサイト」活用のポイント

　生徒や保護者の多くは，学校のWebサイトで情報を得ることが多くなってきました。この現状を踏まえて，学年の様子や学校の行事を積極的に発信し，情報を伝達していくとよいでしょう。コメントについても，前向きにがんばっていることや担任や学年の思いを載せれば，生徒や保護者に伝わります。生徒たちも自分たちががんばっている姿を見たいので学校のWebサイトをよく見ています。そのコメントに教師の思いを書けば，生徒たちにも伝わり，がんば

ろうと努力してくれます。また，学校の情報をたくさん発信することで，保護者の学校への理解が深まり，あいさつ運動や清掃活動など，ボランティア活動にも協力的に参加していただけます。学校の思いが伝われば，学校に対する不信感もなくなります。Webサイトの更新をこまめに行っていきましょう。

（弓矢　敬一）

「学習指導」
のポイント

① 「授業開きのとき」の指導のポイント

　２年生では，担当する学級は下のいずれかに当てはまると思います。

①生徒全員を前年度も担当した学級
②前年度担当した生徒と，今年度初めて担当する生徒が混在している学級
③生徒全員を今年度初めて担当する学級

　どの場合でも授業で大切にしたいことを伝えるのは同じですが，②の学級については注意が必要です。初めての生徒は，前年度授業を受けていた生徒から様々な噂を聞き，今までとやり方が違うのかなどと不安になっている場合があります。そのような生徒たちの気持ちを少しでもやわらげる雰囲気をつくりましょう。プラスの声かけを多くする，継続して担当している生徒にプリントの内容を小グループを使って説明させるなどが効果的です。

　また，その不安は１時間ですぐに解消されるものではありません。その後の授業でも，しばらくは注意深く様子を見ていき，積極的に声かけもしましょう。

② 「入試問題に挑戦させるとき」の指導のポイント

　「２年後，あなたはどこで何をしている予定ですか？」

　こんな質問をしたら，生徒はどんな返答をするでしょう。３年生ならば，答えられる生徒が多いと思いますが，２年生では，教師が思う以上に返答が難しい質問です。○○高校など，具体的な学校名や職業を答えさせるための質問ではありません。自分の未来を考えるきっかけをつくるための質問です。質問した後に，卒業後は「進学・就職・何もしない」という選択肢があることや，進学・就職には試験や面接があることなど，簡単な説明をします。

　そして，「進学を考えている人はこんな問題にチャレンジすることになります」と伝え，15分〜20分程度で解けるプリントを配付し，実際に問題を解く時間を与えます。

　その目的は，①自分の伸ばしたい観点を見つける，②苦手意識をもっていてもすべての観点が苦手なわけではない，③今から取り組めば間に合う・今から取り組まないと厳しいことにな

る，などを生徒に気づかせるためです。国語なら，「言語，書く，読む，聞く」などの観点で，難易度も低から高までそろえた様々な問題を用意します。各問いは，「言語・漢字」のように観点がわかるようにします。後で生徒たちが目標を考えるときの参考になるからです。

❸ 「個人目標を考えさせるとき」の指導のポイント

　答え合わせをした後に，3年生が実際に言っていた言葉「入試のときに，授業の漢字テストと同じ漢字が出題されたから助かった」「指示語を意識して読む練習を続けていてよかった」「問題集の提出日は守った方がいいよ」などの言葉を伝えてもよいでしょう。先輩たちの言葉は，生徒の心に素直に届くだけでなく，目標づくりの手助けにもなります。3年生を担当したことがない先生方は，ぜひ経験者から話を聞き，生徒たちが目標を書くヒントになるような話を用意しましょう。

　この後，「1年間の目標」を書くプリントを配付し，記入させます。次時に小グループで分かち合いをするのもおすすめです。記入させたプリントは回収し，次時に返却します。ゆとりがあれば，前向きな言葉を添えることをおすすめします。そして生徒たちがいつでも見られるように，ノートの先頭ページやファイルのはじめなどの目立つ場所に貼らせておきましょう。

　そして，生徒たちが目標を考えている姿についてプラスの感想を述べ，次時に漢字などの小

<table>
<tr><td colspan="2" align="center">1年間の目標</td><td colspan="15" align="center">漢字テストのあゆみ</td></tr>
<tr><td colspan="2">1 （　　　　　　　　　）</td><td>1</td><td>2</td><td>3</td><td>4</td><td>5</td><td>6</td><td>7</td><td>8</td><td>9</td><td>10</td><td>11</td><td>12</td><td>13</td><td>14</td><td>15</td></tr>
<tr><td colspan="2" rowspan="2"></td><td>4/</td><td></td><td></td><td></td><td></td><td></td><td></td><td></td><td></td><td></td><td></td><td></td><td></td><td></td><td></td></tr>
<tr><td>16</td><td>17</td><td>18</td><td>19</td><td>20</td><td>21</td><td>22</td><td>23</td><td>24</td><td>25</td><td>26</td><td>27</td><td>28</td><td>29</td><td>30</td></tr>
<tr><td colspan="2">2 （　　　　　　　　　）</td><td></td><td></td><td></td><td></td><td></td><td></td><td></td><td></td><td></td><td></td><td></td><td></td><td></td><td></td><td></td></tr>
<tr><td colspan="2" rowspan="2"></td><td>31</td><td>32</td><td>33</td><td>34</td><td>35</td><td>36</td><td>37</td><td>38</td><td>39</td><td>40</td><td>41</td><td>42</td><td>43</td><td>44</td><td>45</td></tr>
<tr><td></td><td></td><td></td><td></td><td></td><td></td><td></td><td></td><td></td><td></td><td></td><td></td><td></td><td></td><td></td></tr>
<tr><td colspan="2">3 （　　　　　　　　　）</td><td>46</td><td>47</td><td>48</td><td>49</td><td>50</td><td>51</td><td>52</td><td>53</td><td>54</td><td>55</td><td>56</td><td>57</td><td>58</td><td>59</td><td>60</td></tr>
<tr><td colspan="2"></td><td></td><td></td><td></td><td></td><td></td><td></td><td></td><td></td><td></td><td></td><td></td><td></td><td></td><td></td><td></td></tr>
</table>

テストを行うことを伝えます。やればできるのだ！という自信を，生徒全員につけさせるためのテストです。出題する問題はあらかじめ教えます。さらに，問題数も10問程度にしましょう。「〇点以上が合格です。今のやる気を結果で見せてください」と笑顔で伝えてください。

④ 「小テストを初めて行うとき」の指導のポイント

　小テストを初めて行うときにも，1で書いたように担当する学級によって指導が異なります。

　①の学級の場合はシステムができあがっているはずです。授業開始前に，隊形や机上の準備ができていれば大いにほめましょう。

　②の場合は，やり方を知っている生徒がプラスの動きをしていれば，またほめるチャンスです。ただし，初めての生徒はとまどっているかもしれないので，「ルール」はきちんと説明する必要があります。

　③の場合は，最初が大切です。小テストといえども，テストはテストです。凜とした空気を最初につくることができれば，その空気が当たり前になり，今後の指導もとてもやりやすくなります。また，小テストにも重みが出てきます。隣同士の空間は適当，机上には筆箱が置かれたまま，そんな状態では生徒たちは落ち着いた気持ちにはなりません。適度な緊張感を与えるような工夫が必要です。床に木目があるならば，それを利用して隣同士の距離を決めることもできます。木目がなければ，あらかじめ教室の長さを測り，平等に区切れるような印がついたタフロープをつくっておくこともできるでしょう。テストを回収する際にも，回収を終えるまで声を出さないなどのルールを伝え，実行できたときにはほめます。これを何度か継続すれば定着します。しかし，声を出している生徒がいたときに見過ごせば，一瞬にして雰囲気はくずれ，修正には時間がかかります。

　丁寧な準備や指導は，生徒のためであり，教師自身のためでもあるのです。

⑤ 「小テストを活用するとき」の指導のポイント

　テスト返却後は，小テストをファイルなどに保管させるだけでなく，点数をきちんと記録させましょう。小テストで出題した漢字を，数時間後の授業でクイズ形式で出すと，盛り上がるだけでなく，忘れ始めていることに気づく生徒もいます。また，振り返りが必要だと思ったときには，その記録表を用いて，生徒たちに小テストの平均点を出させてもよいでしょう。小テストを活用することによって，生徒に前向きな気持ちを思い出させたり，継続させたりすることもできるのです。

（久保美也子）

あらためて「2年生の生徒指導」は…

2年生で大切にしたいこと

2年生は，「中だるみの学年」といわれることがあります。

1年生の1年間で中学校生活にもすっかり慣れ，昨年の反省を生かして新たな目標をしっかりともって，よりがんばろうとする生徒がいる反面，慣れたことで安心してしまい，これまでと同じでよいと思ったり，目標がはっきりせずに怠惰な方向に流れてしまったりする生徒がいることも少なくありません。

すべては学習や部活動，その他の諸活動などの学校生活に対する目標，意欲の有無やその本気度の差に原因があるように思います。その生徒なりの目標をはっきりともたせたり，意欲を喚起をさせたりするような働きかけを，教師としてぜひともしたいものです。目標などを書かせた掲示物を材料に生徒と話をしたり，生徒が書いた日記などにがんばっている姿を認める記述をしたり，何気ない会話の中で励ましの言葉をかけたりすることで，認められている自分に自信をもち，目標が明確になったり，意欲が高まったりするものです。

担任としての指導姿勢を試される時期

4月，始業式，クラス替えがあり，新しい学級がスタートします。前述のように内に秘めたいろいろな状況はあると思いますが，それなりによいスタートをきることでしょう。

しかし，1日，2日と日が経つと，生徒たちの地が出てきます。

それはどんな場面でしょうか。

・遅刻かどうかを判断する場面で，「昨年はチャイムが鳴り終わるまではOKだったのに，今年はどうして鳴った時点で遅刻になるのですか？」

・学級の係や給食・掃除当番を決める場面で，「昨年のクラスは自由に好きなことを選べたのに，どうして今年は自由に選ばせてくれないのですか？」

・初めて席替えをする場面で，「昨年のクラスの席替えはくじ引きで決めたのに，どうして先生が決めるのですか？」

・学級目標を決める場面で，「昨年の担任の先生は自分たちの意見をたくさん聞いてくれたのに，今年はどうして先生が強引に決めるのですか？」

・委員会の所属を決める場面で，「昨年はやりたいものをやれたのに，どうして今年はだめなのですか？」

・学年の統一学習課題の提出場面で，「昨年はこのやり方でよかったのに，どうして今年はだめなのですか？」

・生徒心得や校則についての指導をする場面で，「昨年の担任の先生はそんなに細かいことまで言わなかったのに，今年はどうしてそんなに細かいことまで注意するのですか？」

など，いろいろな場面が考えられます。

　いくつかの具体例をあげましたが，これらとまったく同じではなくても，似たような場面に出会うことはあるものです。**これらすべての場面は，生徒たちが新しく担任となった教師の，生徒指導面での善し悪しの判断基準や指導姿勢を試しているのです。**この時期の担任の姿勢や対応で生徒指導の基準が左右されてしまいます。端的にいえば，この1年間の生徒指導の土台が決まってしまうことになります。

そもそも「生徒指導」とは？

　生徒指導と聞くと，校内暴力や非行など問題行動への対応といったイメージが根強いように感じます。しかし，そもそも「生徒指導」とはいったいどういうものでしょうか？

　国立教育政策研究所の「生徒指導リーフ　Leaf.1」では，**「社会の中で自分らしく生きることができる大人へと児童生徒が育つように，その成長・発達を促したり支えたりする意図でなされる働きかけの総称。そして，社会的資質を伸ばしたり，社会的能力を獲得したりする社会性の育成や資質・能力を適切に行使して社会に受け入れられる自己実現を支援していく働きかけのこと」**とされています。

　また，学校の生活場面での具体例として，「朝・始業時・終業時のあいさつなどを促す」「自己の言動や生活態度をより好ましいものに高めるよう問いかけ，見つめ直させる」「他人に迷惑をかけるような行為を心ならずも行ってしまう児童生徒に向き合い，学校や社会にうまく適応が図れるよう配慮する」「自分自身について悩んだり，人間関係に傷ついたりした児童生徒を受けとめ，次の一歩を踏み出せるよう支えていく」「ほかの児童生徒の学習を妨げたり，学級や学校の約束を守らなかったりした際には厳しく注意し，『悪いことは悪い』と伝える」などがあげられています。教師にとっては普段から当たり前のように行っている働きかけですが，この働きかけを成長や発達を促したり支えたりする意図で行うことこそ，真の「生徒指導」といえます。

（石川　学）

生徒指導コラム

新米担任と学年体制

カンニングしている人がいます

　新卒2年目で初めて学級を受けもつことになりました。とても緊張して始業式を迎えたのを覚えています。そして，早々にショックを受けることがありました。

　1学期の中間テストが終わって間もなくのこと，学級の生徒が「テスト中にカンニングをしている人がいたのですが，どうすればいいですか」と，他の先生に相談にいきました。その先生はベテランの女性教師で，私の学級に教科担任としてかかわってくださっていました。とても凛とした方で，私のあこがれでもありました。

　「先生は初めての担任だから，生徒が相談するのを遠慮したのかもしれないけれど，耳に入れた方がいいと思って」

　気づかいに感謝するとともに，大切なことを相談してもらえない自分が情けなくて仕方ありませんでした。結局，当該の解答用紙を見比べてもカンニングの確証は見つけられずに終わりましたが，このことをきっかけに，「生徒から信頼される担任になるにはどうしたらよいか」を常に考えて行動するようになりました。

むかつく先生

　新米の私に任された問題生徒のAくんは，学校内では粗暴な行動をとらず，普通の学力があり，家庭も学校に協力的でした。頼りない新米担任でも，いや，頼りないからこそ，かえって反発はしないだろうと判断されたそうです。その読みは正しく，Aくんは口調や態度こそ横柄なものの，私と1対1で話すときは素直で，学級活動や行事にもきちんと参加します。ただ，上級生とのよくないつながりが彼を縛っていました。

　当時の3年生には，市内でも有名な問題生徒とその取り巻きグループがいました。他校とのもめごとだけでなく，隣市の問題グループともやりあうような子たちです。Aくんは，それらの生徒たちの目にとまる下級生で，仲間に入れたい奴と見なされていました。ある日，授業に入っている教科担任からAくんが教室にいないと連絡がありました。授業のなかった私が校内を探すと，3年生2人に人気のない廊下に呼び出されていました。

　「Aくん，授業中だから教室に戻るよ」

そう声をかけ，連れ戻そうとしましたが，３年生が，

「俺たちが用事があるんだ，先公は引っ込んでろ」

と言います。

「用事があるのなら，休み時間に話せばいいでしょ。あなたたちも授業に戻りなさい」

私なりに精一杯の力をこめて言い返しましたが，

「うるせえ，あっち行け！」

と聞く気はありません。Ａくんは，どうしようか迷っている様子です。

廊下でにらみ合っているところに，ベテランの男性教師が通りかかりました。私は「助かった」，彼らは「まずい」と感じたと思います。しかし，その教師は何も言わず，うつむきかげんでその場を通り過ぎて行きました。困った状況なのは誰が見ても明らかだったのに，注意することなくスルーしたわけです。

そのことで，私も彼らも毒気が抜けたような雰囲気になりました。それをチャンスと，

「Ａくんは私の学級の生徒だから連れて行くよ！」

と一声かけて，Ａくんの手を引っぱってその場を離れました。

後日，Ａくんは私にこう話しました。

「先生たちから注意されたりしかられたりするとむかつくけれど，無視されるのはもっとむかつくとわかった」

生徒指導に長けたベテランの先生からも，

「生徒が本当に嫌うのは，生徒に無関心で，悪いことを見て見ぬふりをする先生だよ」

と聞いていましたが，その言葉に心から納得しました。

今から家出するね

Ｂさんは父子家庭に育ち，祖母と姉が母親代わりでした。勉強は嫌いで，心を許している友達も少なかった生徒ですが，なぜか，私には心を開いてくれていました。

当時は個人情報について寛容で，担任の住所や電話番号を生徒が簡単に知ることができる時代でした。２学期半ば頃から，仕事が終わって帰宅するとＢさんからときどき電話がくるようになりました。たいていは学校のことや同級生への愚痴ですが，家族に対する不満や文句のときは公衆電話からかけてきます。少し話をするだけで落ち着くようでした。ところが，ある夜，

「家族とけんかした。先生，私，今から家出するね」

と言うではありませんか。あわててどこの公衆電話か聞き出し，車で駆けつけました。

その場でちゃんと待っていたのは，連れ戻してほしかったからなのでしょう。家に送り届けたことをきっかけにＢさんの祖母や姉とも親しく話すようになり，卒業してからもずっと親交のある生徒の１人になりました。

（玉置　潤子）

信頼される
保護者対応術

「保護者会」
の運営術

① 2年生の保護者会は行事説明会が中心

2年生の保護者会は，学年全体で運営することが多いと思います。例えば，宿泊行事の説明会（山の生活，海の生活，スキーの生活など）は，多くの学校が開催されているのではないでしょうか。また，3年生の修学旅行を4月に行う学校は，2年生の間に説明会を終えるところもあるようです。

学級別の保護者会はあまり聞きません。私自身が2年生担任として学級別の保護者会を経験したのは，愛知教育大学附属名古屋中学校に勤務していたときのみです。この学校では，年度末に，1年間の学級の歩みや，子どもたちの成長を説明することを目的として開催されていました。準備に相当な時間をかけたことを覚えています。

したがって，ここでは宿泊行事ごとに説明会の運営術を紹介します。

② 宿泊行事説明会で大切にすること

「その説明では，保護者も一緒に行きたいと思えない。保護者へのお願いごとばかりで，楽しそうな宿泊行事とは到底思えない」

この言葉は，私が若い頃，宿泊行事説明会のリハーサルを見ていた校長に言われた言葉です。

校長が指摘したことの意味が，まったくわかりませんでした。保護者が宿泊行事に参加するわけでもないのに，なぜ保護者に行きたいと思わせないといけないのかと不思議に思いました。そこで校長に聞いてみたのです。

「もちろん保護者は宿泊行事には参加しない。しかし，今日の説明を聞いて保護者は生徒に何と話すと思う？『〇も△もしないでよ。親が怒られるのだからね』。こう言われて，生徒は宿泊行事に期待をふくらませるだろうか」

このようなことを言われました。ようやく保護者に対する説明会の本質がわかりました。私たちは校長が指摘するように，安全に，トラブルなく行事を終えることばかり考えて説明していたのです。

③ 宿泊行事「山の生活」説明会の運営

全行程や準備物については，どの会であっても説明が必要です。プレゼンや配付資料などを使って，コンパクトに行いましょう。

大切なのは「山の生活」のねらいをしっかり伝えることです。ねらいが保護者に正しく伝わっていないと，いろいろと質問や疑問が出てきます。

私自身が留意したことは，これまで何年も続けてきた同時期，同一場所での「山の生活」でも，原点に戻って，この学年の生徒たちの実態をもとに，ねらいをしっかり考えて計画を練ってきたと伝えることでした。例えば，次のような話をしました。

「マッチを擦った経験があるか生徒に聞いたところ，理科実験での経験しかない生徒ばかりでした。自分自身も家庭でマッチを使うのは，仏壇のローソクや線香に火をつけるときくらいしかありません。だからこそ，飯ごう炊飯をプログラムに入れるべきか，今後もほとんど経験しないことに時間をとるよりも宿泊棟で夕飯を注文した方がよいのかなど，これまで行ってきたことを当たり前と考えずに，プログラムを考えました」

学校はいろいろと考えてくれていると保護者に思ってもらうことが大切です。「海の生活」も同様です。

④ 宿泊行事「スキーの生活」説明会の運営

スキーの基礎・基本を身につける「スキーの生活」は，地域によっては，すべての中学校で行われています。バスに乗り，3時間程度でスキー体験ができる場所に移動できることが条件になっているようです。もっとも，雪が多い地域の学校では，体育の授業でスキーを学びますから，学校教育の中でスキーを学んでいる中学生はかなりの数になると思います。

さて，多くの学校で行われている「スキーの生活」は，「山の生活」「海の生活」とは異なり，スキー技術を身につけたり，高めたりすることがねらいとなっています。このことをしっかり保護者に伝えましょう。スキー道具やウェアをレンタルすることが多いと思いますが，結構な費用がかかります。専門インストラクターの指導のもと，必ずスキーの基本を身につけることができる貴重な行事であることを伝え，家庭で出かけるスキーとは違うことを強調しましょう。

経験談ですが，「我が子はスキーがすでにできるので行かせる必要はないと思うのですが……」という保護者がいました。生徒それぞれの技量に応じて，チームを分け，それぞれのチームにインストラクターがつくことを説明して納得していただいたことがあります。やはり，丁寧な説明が大切だと思いました。

（玉置　崇）

「三者面談」の運営術

① 中学校生活の慣れをキーワードに

　中学2年生には，中学校生活の慣れがあちこちで見られます。この慣れはプラス面だけではなく，マイナス面もあります。

　三者面談では，まずは中学校生活の慣れについてを話題にするとよいでしょう。

　例えば，保護者に「1年生のときには，家庭学習は時間を決めてきっちりできていたようです。2年生になってどうでしょう」と聞いてみると，何かしらの返答は必ずあります。

　経験から言うと，このような質問に対して，保護者は子どもの前で「1年生のときにできていたのが嘘のようです。今はまったくダメなんです」などと，厳しめに言う傾向があります。それを鵜呑みにしないことを心得ておいてください。

　こうしたときは，「お家の人はこのように言っていますが，心当たりはありますか」と，生徒本人にも聞くことを忘れないことです。

　本人が「それほどでもない。ちゃんとやっていることを知らないだけだ」などと言ったら，担任は，まずは生徒に寄り添いましょう。「期待もあって，このように言われているのだと思うよ」と言うことで，生徒本人は，担任は自分のことをわかっていてくれると思うでしょうし，保護者の話が本当であれば，ちょっぴり嘘をついたことを反省することでしょう。

② 高校見学をすすめる

　高校進学を考えている生徒や保護者には，高校の見学会などへの参加をすすめましょう。2年生の時期では早すぎると考える必要はありません。むしろ3年生になった段階では遅いと思います。

　保護者は，最近の高校が大きく変化しているのをわかっていません。自分自身が高校に進学した頃の状況をベースにしている保護者もいます。

　経験談ですが，保護者から「先生，○○高校へは，これくらいの成績があれば進学できますよね」と言われてビックリしたことがあります。実は，その私立高校は教育方針をガラリと変えていて，以前と比べると内申点の合計が10以上よくないと，とても入学できない高校に変容していたのです。保護者はそういうことを知らず，勝手に判断していました。過去と状況が違

うことや，その高校の見学会日時を伝え，ぜひ高校に足を運んでもらうようにすすめました。

　後日談です。その保護者から電話がありました。「自分の認識がまったく間違っていたこと，内申点は〇〇くらい必要だとわかりました。先生に見学をすすめていただいて本当によかったです」という電話でした。

　私立高校は，見学会などで入学に必要な成績についてかなり明確に伝えるようになってきています。高校で直接耳にした情報は確かな情報ですので，保護者は信用します。

③ 生徒の活躍を伝える

　2年生ともなると，様々な場で活躍している生徒がいます。しかし，中学生は，気恥ずかしさがあり，そのことについて保護者に伝えている生徒はあまりいません。「三者面談」の場は，そういった生徒のがんばりを伝えるよい場です。学年部会で互いに協力するとよいでしょう。

　例えば，「三者面談」の2週間前ほどに，同学年の教師や教科担任に生徒名簿を配ります。それぞれの生徒のがんばりや気づいたことをその名簿に書いてもらいます。名簿ですから1行コメントとなります。これくらいの量の方が，負担感がありませんので，書いてもらえます。そのコメントを見ると，詳しく聞いておきたいことが出てきます。その際には，記述した教師にヒアリングをして，しっかり捉えておくことが大切です。

　また，コメントは「三者面談」で役立つばかりではありません。通知表所見を書く際にも参考になります。

④ 「三者面談」後の通信発行

　「三者面談」後に，面談して感じたことを学級通信などで簡単に伝えるとよいでしょう。

・スマホを使う時間をあらためて約束されたご家庭がありました。
・高校見学会に参加して最新の情報を得られて，現在の高校の認識を新たにされた保護者がおられました。
・部活動での疲れがあり，家庭学習の時間がなかなかとれないといった悩みを，何人かの生徒やご家庭からお聞きしました。
・学校でがんばっている様子がよくわかったと家庭でほめてもらい喜んでいる生徒がいます。

　このように，どの家庭にも共通することを簡単に伝えることで，保護者は「三者面談」での担任の話により価値を感じることでしょう。

（玉置　崇）

「トラブル」
の対応術

① 保護者からのクレーム例

　経験をもとに，保護者からのクレーム例を紹介します。クレーム例を知っておくことで，他のクレームが発生したときにも，その対応についてある程度の見通しを立てることができ，保護者とのトラブルが少なくなるからです。

【あるある学習編　その１】
　小学校時代のママ友，塾のママ友から，他の中学校の情報を得た保護者からのクレームです。
　「○○中学校よりも，授業の進度が遅れているらしいじゃないですか。問題集を購入させておいて，全然，使っていないようですし。心配です」

【あるある生活編　その１】
　スマホは，これからの社会では欠かすことができないツールになるから上手に使うことが大切だよ，と話した数日後の保護者からのクレームです。
　「先生，子どもたちにスマホは役に立つよと言われたようですね。それはわかりますが，子どもはスマホがほしくてしかたがなくなってしまいました。勉強をするからスマホを買ってと言うしまつです。中学生では早すぎますよね。子どもにはまだ早いと言ってくれませんか」

【あるある生活編　その２】
　２年生の学級担任として，１年生での指導よりバージョンアップをしようと考え，生徒には自分で考えて行動させたいと思い，自主性を尊重していたら届いたクレームです。
　「昨年の担任の先生は，もっと丁寧で親切でしたよ。生徒のことをもう少しみてもらえないでしょうか。先生のためを思って，ちょっと意見を言わせていただきました」

【あるある部活動編　その１】
　部活動で，小学校から競技経験のある１年生が入部しました。２年生になってもレギュラーに選ばれなかった生徒の保護者からのクレームです。
　「わが子は小学校から取り組んでいて，誰よりも経験豊富です。小学校のときのコーチからは，力がとてもついてきているとも言われました。どうしてわが子はレギュラーになれないのでしょうか」

【あるある部活動編　その２】

　勉強は苦手だが，運動に自信をもっていて，部活動では生き生きしている生徒がいます。今のところ部活動で活路を見出しているので，このまま部活動をがんばってほしいと考えていた生徒の保護者からのクレームです。

　「部活動をやらせすぎではありませんか。疲れてしまって家庭でまったく勉強をしないのです。顧問の先生の練習方法にも疑問があります。部活動をやめさせたいのですけど……」

　上記の「あるある」から連想して，様々な「あるある」を思い浮かべられた方もいるでしょう。これらの「あるある」に的確に対応していかないと，トラブルが長引いたり，解決できない事態になったりします。

② トラブルにまで発展させないための心得

　「何もないときにも保護者と連絡をとる」
　これは，「言うは易く行うは難し」ですが，こういうことが保護者からのクレームをトラブルにまで発展させないために必須であることは心得ておきましょう。
　「先生からの電話は，何か困ったことがあったときだけですよね。先生の声を聞くと，子どもがまた何か問題を起こしたのだと落ち込んでしまいます」
　問題を抱える保護者がときどき口にすることです。基本的に教師が保護者に連絡するのは，保護者に伝えておかなければいけないことがあるときや，何かしら保護者に対応していただきたいと思うときなので，このように言われてもいたしかたありません。
　そこで，上記の言葉に次のように新たな言葉を加えておきます。これならトラブルに発展することは少なくなると思われます。
　「（以前に問題があった生徒の保護者には）何もないときにも保護者と連絡をとる」
　つまり，その後の様子を一言でよいので伝えるのです。
　「あれから，本人は前回の失敗を意識して活動しています。みんなの模範になっています。このことをぜひ伝えたくてお電話しました」
　「その後，ご家庭での様子はいかがでしょう。学校では，授業はもちろん係活動にも積極的に取り組んでいます」
　このように，問題があってやりとりをした保護者には，その後をさりげなく伝えておきます。すると，次に何か起こったときにも，この先生は日頃からわが子のことを考えてくれている先生という認識からスタートしますので，大きなトラブルに発展しません。
　また，不登校傾向のある生徒の場合も，こうしたことは心得ておきましょう。学校にくることができているその背景には，多くの場合，保護者とお子さんの葛藤や闘いがあります。学校

では笑顔でいる生徒も家庭では精神的に不安定になっていることが少なくありません。その生徒が，連日学校にくるようになると，保護者と連絡をとらなくなってしまうことがあります。連日くることができているときだからこそ，保護者に学校であった嬉しい報告をすると，保護者との真の連携がとれるようになります。

❸ 保護者に寄り添うことが大切

　中学２年生の子どもをもつ保護者から，ときどき聞く言葉です。

　「わが子は反抗期なのです。それがわかっていながら，こちらもついカッとなってしまって……。自分ながら自分が嫌になってしまいます」

　「先生にすすめられたので，子どもも私もカウンセリングを受けたのですが，カウンセラーの方の見解が私の教育観と違うように思うのです。どうしたらいいかわからなくなりました」

　保護者が思いあまって，このようなことを口にすることがあります。

　教師は医者ではありませんから，医学的に正しいことを言えるわけではありません。また，教師として解決案を言わなくてはいけないと思うことはありません。このようなときには，まず保護者の気持ちに寄り添うことです。

　「お母様の立場としては，〇〇のように感じてしまうこともありますよね」

　「家族だからこそ，なかなかうまくいかないこともありますよね」

　このように共感を示すことで，保護者の気分が少し晴れてきます。保護者は困っているのです。「お気持ちはよくわかりますよ」と一言伝えるだけでも十分だと思いましょう。教師である私に解決策を求めているとプレッシャーを感じることはありません。

❹ 学級担任と教科担任の連携を密にしてトラブルを防ぐ

　慣れ合いの中で起きるトラブルがあります。例えば，次のようなことです。

　「授業中，Ａくんが前の席のＢくんの背中をたたいたり，ペンで突いたりするなどのいたずらをしました。怒ったＢくんがＡくんの腕をひっかきました」

　このような事例は，中学校でも，特に落ち着かない学級ではあることです。こうしたことがあったとき，その後の保護者への対応次第で大きなトラブルになることがあります。以下は，実際の出来事です。

　Ａくんの保護者が「子どもの腕に傷がある」と，学校へ連絡してきたことで，上記のことがわかりました。

　Ｂくんから事情を聞くと，年度当初から授業中のいたずらが続いており，我慢の限界だったというのです。年度当初Ａくんはクラスで孤立しており，かかわってくれるのはＢくんだけで

した。AくんにとってBくんはありがたい存在なのですが，Aくんはコミュニケーション力がやや乏しく，相手にちょっかいをかけることが彼なりの相手とのかかわり方のひとつだったのです。実は，こういったケースはめずらしいことではありません。

　ここで問題なのは，保護者からの情報提供で，学級担任がこのトラブルを知ったということです。さらにその連絡に対して，「まったく気づきませんでした」と早々に返事をしてしまい，「気づかないなんて信じられない」とさらに激怒されてしまったのです。

　中学校の学級担任は，小学校と違って，学級で生徒と一緒にいる時間は長くありません。そのため，学級担任は教科担任との連携を密にし，常に学級の状態を把握しておくことが大切です。

❺ 生徒が怪我をしたときの対応

　部活動中に，生徒が大怪我をするときがあります。部活動では，原則，顧問である教師が生徒の活動を見守らなければなりません。しかし，一旦部活動の場所から離れなくてはいけないことも現実にはあります。私の経験ですが，不思議とそうしたときに生徒が怪我をすることが多いようです。こうしたときの対応を間違えると，保護者とのトラブルのもとになります。

　このようなときの保護者対応は，まず，すぐに保護者に連絡すること。どのような場面で，どのような状況で，怪我をしたのか，病院に行く必要はあるのか，などを正確に伝えることも大切です。

　そして，仮に指導者がその場にいなかったときには，その事実を伝えて謝罪する必要があります。もちろん，部活動の場を離れたのにはそれなりの理由があると思います。そのため，言い訳をしたくなったり，あわよくば不在だったことを言わずにすめばという気持ちが出てきたりするかと思います。しかし，こうしたときこそ，自分の非をきちんと認めることで保護者からの信頼を失わずにすみます。

　怪我の程度にかかわらず，こちらに落ち度がある場合については，それを早い段階で伝えることが保護者との関係を良好にする鉄則です。生徒は自分にとって都合の悪いことを保護者に伝えないため，教師の小さな落ち度も過大に伝わってしまうことがあります。結果，よけいな怒りを買ったり，学校や教師への不信感を募らせたりする原因ともなり得ます。そのような事態を避けるためにも，自分の配慮がたりなかった部分についてはきちんと認め，伝えることが重要だと思います。多くの場合，「先生のせいではありません」「うちの子が○○だったと思います」のように，保護者の理解を得て解決の方向に進みます。

（小山内　仁）

生徒指導コラム

「慣れ」が「ゆるみ」につながる５月

慣れと同時に手抜きが始まる時期

　新鮮な気持ちで進級し，学級のルールも級友の個性もひととおり理解できた５月は，よい意味でも悪い意味でも「慣れ」が生じる時期です。つまり，**学校生活がスムーズに行えるようになる反面，新鮮な気持ちが薄れて手抜きも出てくる**ということです。

　「慣れる」という言葉は，辞書に２つの意味が掲載されています。１つは「何度も繰り返すことによって習熟すること，上手にできるようになること」です。もう１つは「同じようなことを長く経験して，そのことを普通に感じるようになること，特に変わったこととは感じなくなること」です。

　前者の意味通りになれば，学級の日常が軌道に乗って当番活動や係活動などすべての学級の機能が円滑に進むようになります。後者の意味だと一つひとつの活動の新鮮さが薄れ，意義を感じなくなります。その結果，自分１人ぐらいサボっても大丈夫とか，まあこれくらいやっておけばよいだろうなどという安易な妥協も生じます。

再び凡事徹底を価値づけることが大切

　どの学級も力を入れてきた４月当初のルールづくり。しかし，少しずつ「慣れ」によってルールを守れなくなる生徒がいます。この時期に**凡事徹底やルールの意味を切れ目なく意識づけることが大切**です。

　もともと「慣れる」という漢字は，「りっしんべん」に「貫（つらぬく）」と書きます。「りっしんべん」は，心という意味ですから，「慣れる」とは，「心を貫く」という意味です。人間の心は弱いものです。新鮮な気持ちを維持し貫くのは，なかなか難しいことです。

　例えば，「チャイムの前に着席しよう」「話し手の目を見て聞こう」「指名されたら返事をしよう」「次の授業の準備をしてから休み時間を過ごそう」などは，どれも落ち着いて授業を行うための「当たり前のこと」です。しかし，「当たり前」であるが故に，継続させるのはなかなか難しいのです。

　全員が守れるようにするには，当然，教師の生徒への働きかけが必要です。「凡事徹底」を生徒に求めるだけでなく，教師も自身の指導を「凡事徹底」と捉え，日々の積み重ねを心がけ

ることが大切です。

自分を振り返る仕組みをつくる

　日々の活動を惰性で終わらせないためには，**毎日の取り組みを振り返り，新たな気づきを得させることが大切です**。そのための方法の１つは，**日常生活を記録に残す**ことです。

　私の最後の勤務校では「自問ノート」という生活記録を活用していました。「自問ノート」とは，「自問清掃（すてきな自分になるための掃除をしませんかという提案）」とセットになった取り組みです。毎日，給食後から清掃時までを「自問タイム」とし，給食が終わると，各自で「自問ノート」に前日の清掃活動を振り返って今日の清掃の目標を記入します。その後は，自分の目標に向かって自問清掃を行います。生徒自身が自分の心に問いかけながら清掃することを目標に，教師は，指示・命令・準備をしません。生徒と一緒に清掃を行い支援します。

　「５月25日　目標：集中する。理由：いつもあと何分だろうと思って時計を見てしまうので，時間を気にせず掃除に集中したい。／振り返り：いつもより集中できた。でも掃除がひととおり終わると時計を気にしてしまった。もっと考えて掃除したい。

　５月26日　目標：考えて掃除する。理由：昨日集中できたけど，何をするべきか考えた方がさらによいと思ったから。／振り返り：いつも同じところばかり掃除していたが，今日は，いつもは見つけられない汚れをとることができた。まだ時計が気になるので気をつけたい」

　何も考えずにだらだらとやっていると，次第にいいかげんになってしまう毎日の掃除も，記録に残すことで新たな気づきが生まれます。こうすることで，新鮮さを維持するとともに，よりすてきな自分，まわりの状況に気づける自分に成長させられると考えます。

価値ある気づきを紹介する

　掃除という日常のありふれた行動の中にも，よく見るとすばらしい行いがあります。これに気づいた生徒を紹介することで，新鮮な気持ちを維持させることができます。

　「Ａくんは，いつも手洗い場の掃除を一生懸命やっている。せっかくきれいにしても掃除が終わるとぞうきんを洗いにくる人たちで再び汚れてしまう。Ａくんは最後の子がぞうきんを洗い終わるまでその近くで待ち，もう一度きれいに洗い直してから掃除を終えている。すごいなと思った」

　Ａくんをほめるとともに，これに気づいた生徒もほめます。**毎日の行動の中から新たな発見を掘り起こすことで，新鮮な心を貫かせることが大切です**。

（野木森　広）

1 学期の通知表文例集

学級のリーダーとして責任を果たそうとしていた生徒

> 学級委員として，積極的に級友とかかわりながら，よりよい学級にするために尽力しました。また，学級委員としての仕事だけではなく，授業後の机の整頓や掃除などの日常の活動でも，自ら考えて行動することができました。

学級委員等の係活動について書く場合には，それぞれの仕事にしっかりと取り組むことができたという内容にとどまらず，個々の生徒が特にがんばっていたことを具体的に書くことが望ましいでしょう。そのため，生徒の様子を普段から注意深く見ておくことが大切です。

基本的な生活習慣が身についている生徒

> 元気のよいあいさつを行い，気持ちよく１日を始めることができています。毎日の課題となっている自主学習にも意欲的に取り組み，欠かさず提出することができました。

基本的な生活習慣が身についているかどうかは，学校生活の中ではとても大切なことです。また，習慣ですので継続して行えていなければなりません。この項目については，担任だからこそ見つけられることも多く，普段から一人ひとりの生徒をしっかりと見ることが大切です。

学校に登校することが難しい生徒

> 学校にくる目的を見出せず，登校できない日々が続いていますが，自分の将来について少しずつ考えられるようになったことを嬉しく思います。

不登校傾向の生徒への所見は，学校での行動を見て判断することが難しい部分も多いですが，通知表を見たときに，来学期は何か変えてみようかなど，生徒にとってのきっかけとなるような内容になるとよいでしょう。

宿泊行事で活躍が見られた生徒

> 宿泊学習では，行事実行委員として事前に学年レクリエーションの内容を考えたり，当日の運営にしっかり取り組んだりと，学年の仲間が楽しい時間を過ごすために尽力することができました。

宿泊行事には，普段の学校生活にはない係があります。普段の学校生活では見ることのできない生徒の姿を見ることができるのも宿泊行事のよいところです。係を担当する教師と情報を共有しながら，どの場面でどういう活躍があったのか，担任が生徒の姿を知ることが必要となります。

部活動で活躍が見られた生徒

> バレーボール部に所属し，毎日の練習に意欲的に参加しました。春の大会では，スタメンとして試合に出場し，プレー面だけでなく，大きな声を出してチームを盛り上げる姿が印象的でした。

多くの生徒が部活動でも主力となって活躍し始めます。自分が好きなことを行う部活動ですので，普段の教室では見ることのできない生徒の姿が見られるとともに，成長を感じることができる場所でもあります。顧問との連携を図り，大会時の様子だけでなく，普段の練習の様子なども把握しておくようにしましょう。

学習に前向きになれない生徒

> 学習する目的を自分の中で見つけられず，前向きな気持ちで学習を行うことができない日もありましたが，係の仕事には責任感をもって取り組めています。2学期は，継続して取り組むその力を，学習に対しても発揮できることを期待しています。

中学2年生になると，1年生の頃のような緊張感もなく，よい意味でも悪い意味でも自分らしさが出てきます。学習に対しても例外ではありません。提出物などが出せなくなっていく時期にもなっていきます。できていないことを伝えつつも，できていることを見逃さないようにしましょう。見てくれているという安心感が，生徒の成長につながっていくことはいうまでもありません。

学校行事で活躍が見られた生徒

> 新入生を迎える会では，1年間の中学校生活を通して学んだことを，1年生にわかりやすく伝えることができました。1年生の前で堂々と話す姿に，1年間の成長を感じるとともに，先輩としての頼もしさを感じました。

　小学生の頃にはあまり意識することがなかった，先輩として後輩とどう接するのかを初めて考える時期になります。生徒自身がとまどうことも多い後輩とのつきあい方について，よい姿にふれましょう。生徒の背中を押すことができ，夏休みの部活動にも生かすことができるでしょう。

学級の仕事に率先して取り組んでいた生徒

> 国語の教科係として，毎時間の持ち物の確認や，授業の最初に行うチェックテストに責任をもって取り組むことができました。チェックテストでは，前時の内容をしっかりと振り返り，級友にとって必要なことは何かをよく考え出題することができました。

　係活動について示す場合は，具体的な活動内容をあげ，どんな点でよく取り組めていたのかが保護者に伝わるように明記することが大切です。中学校の場合は，教科担任制のため自分の教科以外の活動が見えづらいところもありますが，学級活動で活動の振り返りを生徒に行わせたり，教科担任との連携を図ったりすることで，具体的な活動を把握するとよいでしょう。

約束やルールが守れない生徒

> 集団生活には多くのルールがあり，これは必要なのかと思うこともあるでしょう。しかし，あなたが好きなスポーツもそうであるように，ルールがあるからこそ楽しむことができるのです。2学期は，ルールの中であなたらしさを発揮できることを期待しています。

　ルールを守る心の強さを育むことも，中学生にとっては大切なことです。しかし，小学校からの大きな違いに，なぜ守らなければいけないのか疑問に思う生徒も多いことでしょう。普段の生活の中で，興味のあることを例にあげながら，少しでも本人が納得して夏休みを迎えられるような内容で激励できるとよいでしょう。

（松井　綾子）

夏休み明けの
学級引き締め
&盛り上げ術

夏休み明けの学級引き締め術

① リーダーとしての意識を高める

　2学期は，部活動をはじめ，学校生活の様々な場面で主役が徐々に3年生から2年生に移っていきます。3年生が引き継いできた学校の伝統を引き継ぐ大切な学期であることを意識させることが，2年生のクラス引き締めの土台となります。

　そのために，どのようなことを引き継ぐのか，また，どのようなことを引き継いでいきたいのか，生徒たちに思いつくものをあげさせていきます。きっとたくさんのことが出てきます。それだけ引き継ぐべきことがあるということを知るだけでも価値があります。さらに，「自分たちが学校の主役なんだ」「学校をよくしていくんだ」という気持ちを育むために，自分に何ができるかを考えさせたいものです。

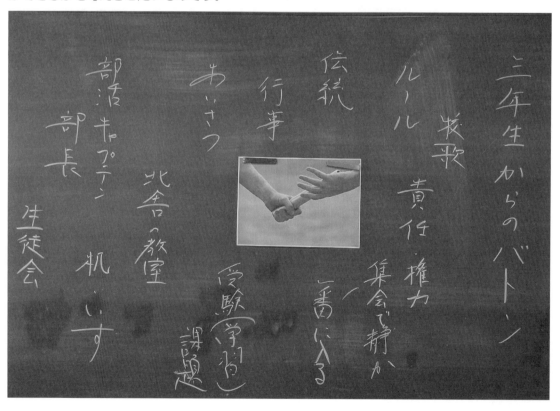

② 授業のあいさつを強化する

授業のはじめと終わりのあいさつを元気に行うことで，授業と休み時間の切り替えをしっかりさせていきましょう。ポイント制にし，毎回の授業で教科担任にチェックシートを用いて評価してもらうなど，生徒にもよくわかり，楽しく取り組めるようにします。学年で競い合うと効果も高まります。

ここで重要なのが，企画を生徒にさせることです。学級・学年のリーダーたちに各学級で提案させることで，自分たちの学級をよくしようという気持ちを育てるとともに，リーダーも育成していきましょう。

	月 日（月）		月 日（火）		月 日（水）		月 日（木）		月 日（金）	
	あいさつ	授業態度	あいさつ	授業態度	あいさつ	授業態度	あいさつ	授業態度	あいさつ	授業態度
1限										
2限										
3限										
4限										
5限										
6限										
合計得点										

（　　年　　組）授業あいさつ・態度チェックシート
（よい：○　　できていない：△）

※○を1点，△を0点として合計点を級長が集計し，帰りのST後に，担任の先生に提出すること。

※授業終了時に，級長が教科担任の先生にこのチェックシートを持っていき記入してもらうこと。
　声の大きさ，礼の行い方，姿勢なども含める。

※授業態度については，発言の様子・忘れ物・私語などを総合的に判断してもらう。

> 5日間の合計得点
>
> 点

③ 騒乱状態を「聞く指導」で防ぐ

2年生のこの時期は，いわゆる「荒れた」状態になりやすいです。「荒れた」状態で特に困ることは，教師の話や指示，指導を聞けない状態になってしまうことです。そのような騒乱状態にならないようにするために，「話を聞く」指導を徹底したいものです。

話が聞けなくなる，騒乱状態になってしまう原因はいくつかあげられます。生徒が聞いてい

ない状態のままでも教師が話をしている，指示がわかりにくい，何をしてよいかわからない「間」の時間がある，話が長い……。

　話を聞ける状態になるまで待つことが大切です。必ず気づいてくれる生徒はいます。そして，気づいてくれた生徒，まわりに声をかけてくれた生徒には称賛の言葉を送りましょう。

❹ 授業で空白の時間をつくらない

　当然ですが，楽しくわかりやすい授業ができたら，自然とけじめのある学級になります。しかし一朝一夕でできることではないので，日々の研究や努力が必要です。

　落ち着いた授業を行うための方法の１つとして，空白の時間をつくらないことがあります。次に何をしたらよいのかわからないから，しゃべったりちょっかいをかけてしまったりする生徒も少なくありません。次に何をすればよいのか，指示をしっかりとしておくことが大切です。

　また，短い活動を多く取り入れることも有効です。聞く時間，書く時間，活動する時間，対話する時間など，隙間なく行うことで，生徒は飽きずに取り組むことができます。

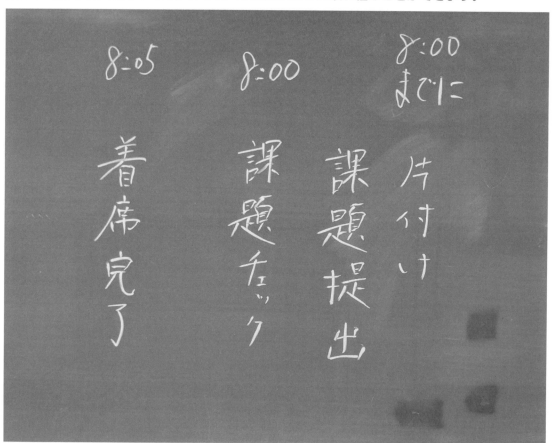

❺ 課題提出ができた生徒を認める

　夏休みの課題がたまってしまった生徒，提出できない生徒への対応に気をとられがちですが，きちんと提出した生徒への言葉かけを忘れてはいけません。ほとんどの生徒はすべての課題を提出しているはずです。計画通りに進めることができた生徒を，全員の前で称賛してあげたいものです。「○○くん，△△さん……はすべて提出できました。夏休みに計画的に課題を進めることができたのはすばらしいことです」とすべての課題を提出した全員の名前を呼び，価値づけます。「課題はやって当たり前」と感じるかもしれませんが，期限を守る，約束を守るなど，当たり前のことを当たり前に行ったことに対して，価値づけるような言葉かけができるとよいと思います。

❻ 教科担任にヒアリングをする

　夏休み明けの授業について，各教科担任は学級の様子をどのように感じているかを聞くとよいでしょう。あるいは，教科担任に短冊を渡して，担任宛に学級の状況について感じていることを一言書いてもらうとよいでしょう。

　以下はその例です。

・１学期に比べると，○○くんが集中力に欠けています。夏休み中に何かあったのでは……。
・今日の授業で私語を注意しました。１学期は１回もなかったことです。
・１学期からとてもよい雰囲気の学級でした。１学期のまま続いていると思います。
・２学期に入り，部活動の中心になることもあって，△△さんはとてもはりきっています。

　このような教科担任からのコメントをもとに，全体に，あるいは個別に指導していくことが大切です。

　全体には，ほめられた事柄を中心に伝えます。個別には，ほめられている事柄はいち早く，心配されている事柄は，担任として自分の目で様子を確かめてから，その生徒と話し合いましょう。「□□先生から聞いたけれど，授業中に集中力がないそうだね」などとは絶対に言ってはいけません。「そんなことはありません」と生徒に否定されれば，頷くしかありません。自分の目で見た事実であれば，しっかり指導することができます。

　さらに，学級代表数人に分担させて，教科担任に「２学期が始まってからのわが学級はどうですか」と直接ヒアリングさせることも手立ての１つです。

　教科担任は担任の思いをよくわかっていますので，学級のよい点や改善すべき点を生徒に伝えてくれるはずです。帰りの会などで，毎日２教科ほど（一度に全教科の報告をすると記憶が薄れる），順次報告させてもよいでしょう。特に学級代表が学級のまとまりをより意識するようになります。

（林　雄一）

夏休み明けの学級盛り上げ術

❶ 中学校生活の後半戦スタート

　2年生の2学期は，中学校生活の折り返し地点となります。そして，3年生から学校の中心としてのバトンを受け取ることになります。そこで，2学期のはじめに，「2学期をどのように過ごしていくのか」「中学生としてどのような姿になっていきたいか」を考えさせるとよいでしょう。

　体育祭や合唱祭などの学校行事では，去年の自分の行事に対する取り組み方を思い出させ，そこから今年は「どのように行事に取り組んでいきたいか」という目標を書かせるとよいと思います。さらに，3年生からバトンを受け取る立場として，部活動では自分たちが中心となって所属する部活動をどうしていきたいのかを考えさせます。結果のみの目標ではなく，チームや個人としてどのように成長していきたいのかを書かせるとよいでしょう。

　そして，書いた意見をペアやグループ，学級全体で共有させることで，2学期の学校行事などに協力して取り組み，互いを高め合っていく雰囲気をつくることができます。

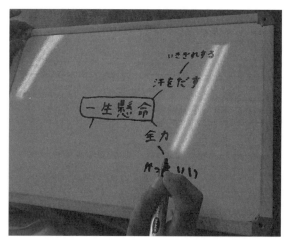

2学期の目標

名前（　　　　　　　　　）

生活（1学期の反省も生かせるようにしよう！）

部活動（3年生から自分たちに中心が変わりました。
　　　　どんな部活動にしたいか意気込みを書こう！）

行事（去年の取り組みを振り返って，
　　　今年はどのように取り組んでいくか意気込みを書こう！）

体育祭	
去年の取り組み	今年の意気込み

合唱祭	
去年の取り組み	今年の意気込み

❷ 学級のミニスローガン

　自分たちで学級をどのようにしていきたいかを考え，行動できるように育てることが大切です。

　そこで，学級のリーダーたちに学級の現状から１日の目標や行事に向けての目標を書かせ，掲示していくようにします。

　さらに，その目標に関係した内容を担任が背面黒板等に書き，生徒たちのがんばりを認めます。そうすることでリーダーだけでなく，学級全体の意識の改善や行事への意欲の向上につながります。

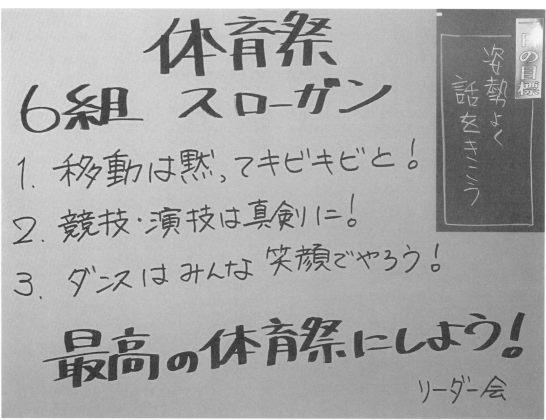

　スローガンを決めた後も大切です。間隔をあけて，スローガンがどれほど達成できているかを，簡単でよいので確かめるようにしましょう。

　例えば，競技練習をした日の帰りの会で，リーダーたちに今日のスローガン達成率（例：競技真剣達成率80%）を発表させるとよいでしょう。それをスローガンの横あたりに記録しておくのです。さらに80%以上のときは，全員で一本締めをすると決めておくと，より盛り上がります。

③ 担任からの熱いメッセージ

　担任の熱い思いをぜひ生徒に伝えてください。2年生の2学期は，どうしても目標を見失い，怠けてしまう生徒がいます。

　そのような生徒を叱咤激励するためには，小さな成長も見逃さずに，担任の熱い思いを繰り返し伝えていくしかありません。

　担任の思いを簡単な漢字一字で表現した掲示物をつくったり，昨年の体育祭や合唱祭の様子を掲示したりするなど，様々な工夫をしながら教室の環境整備を進めていくと，より効果的だと思います。

2学期の漢字一字

直

・真直ぐ（目標に向かい突き進もう）
・素直に（多くのことを吸収しよう）
・見直す（自分を振り返り成長しよう）

　後期が始まると学校の中心となっていきます。「直」にこめられた思いを大切に，ぜひ2学期で大きく成長してください！　期待しています！

④ ちょっとした時間に学級レク

　2学期の最初は登校に前向きでない生徒も多いと思います。また，9月当初から体育祭の練習が始まり，運動に苦手意識をもつ生徒にとっては，9月は学校にくることがとても苦しい日々となることもあると思います。

　そこで，学校の教室が楽しく，安心できるところだと感じられる時間を少しでもよいのでつくってあげることが大切です。

　手の込んだ学級レクをやる必要はなく，4月の学級開きで行ったものを再度行ってもよいと思います。この少しの「楽しい」といった積み重ねが9月当初の不安を解消し，全員が登校できるとともに，学校生活や学校行事に一致団結して取り組んでいく雰囲気を高めていくと思います。

⑤ 隣の学級と学力で勝負する

　私が先輩から教えていただいた，学級全員で漢字力や計算力を高める取り組みがあります。隣の学級と競い合って，学力を向上させたそうです。どのような流れで行っていたかを詳しく紹介します。

①隣の学級担任と，今日はどのようなテストをするかを給食の時間までに話し合います。

②担任は，テスト問題を給食準備中に板書します。

　　例１：10－（－５）　　３＋（－６）　　－８＋５　　－12－４　　－10＋（－８）

　　例２：カタカナを漢字に

　　　　　　⑴行事の後のイロウ会　　⑵老人ホームをイモンする　　⑶祖先の霊をナグサめる

　生徒は給食を食べた後，黒板を見て，今日の問題を考えます。計算問題は少し内容を変えますので，答えを覚えても意味がありません。解き方を覚えるのです。わからない生徒には級友に聞くように指示し，いわゆる学び合いをすすめます。

③帰りの短学活で，同時刻に担任が問題を板書します。

④生徒は配られた白紙の用紙に解答を書きます。３分間くらいで終わります。

⑤担任が正答を板書します。

⑥自己採点をさせ，満点だった人数を確認します。

⑦満点率（満点の人数／出席者数）を計算します。

⑧それぞれの学級代表１人が廊下に出ます。

⑨担任の合図で，同時に満点率を叫びます。

　　例：「A組95％です」と叫ぶ。「B組89％です」と叫ぶ。

⑩満点率が低い学級代表は，相手の学級代表に向かって「勉強し直して参ります」と叫びます。

　　同率であったときは，両学級代表が「勉強し直して参ります」と叫ぶことにします。

⑪学級の背面黒板に勝敗を記録します。

　このようにして，学級対抗でだれ気味の２学期を盛り上げたそうです。

　あらかじめ問題が提示されるので，学級のためにも満点をとらなければと思い，進んで友達に聞く様子も見られたそうです。

　学級代表が廊下に出ると，もちろん両クラスとも全員その様子に注目します。そして負けがわかると，代表だけではなく，全員が「勉強し直して参ります」と叫ぶようになったそうです。担任も加わって一緒に叫びます。両クラスともに，まさに楽しく学び合う，高め合う雰囲気が生まれたそうです。

（湯浅　良将）

夏休みボケを吹き飛ばす

2学期初日の鉄板トークネタ

① 夏休みの「夢」から，目まぐるしい学校生活の「現実」へ

話し始める前に

2学期初日というのは，まさに「夢」から「現実」へと切り替わる1日だと考えています。自由な生活の終わり，そして時間が定められた窮屈な生活の始まり。夏休みを惜しみ，憂鬱になっている生徒がほとんどです。

少しでも前向きな気持ちで2学期をスタートできるよう，初日には「2学期に楽しみにしていること」を発表してもらうようにしています。

鉄板トークネタ

生徒の顔を1人ずつ確認し，意識的に，大きく元気な声で話しかけます。

> みなさん，夏休みはどうでしたか？　今日は，朝から，「夏休みがもう少しほしい！」という言葉が聞こえてきました。楽しい日々を過ごしていた証拠ですね。先生は，みなさんの元気な姿を久しぶりに見られて，とても嬉しいです。
> 夏休みの終わりは寂しいものですが，今日から始まる2学期にも，楽しいことはたくさんあるはずです！　今日は，「2学期に楽しみにしていること」をお題に，1人ずつ発表をしてもらいます。2学期への期待がふくらむように，元気よく発表してくださいね！

生徒一人ひとりに，短い時間で発表してもらいます。元気に発表できたら，ほめましょう。

> みなさんの「楽しみにしていること」が聞けて，私も，みなさんと過ごす2学期が楽しみになってきました！　夏休みに蓄えたエネルギーを糧にして，今日からまた，みんなで力をあわせてがんばっていきましょう！

（野間　美和）

❷ どんな夏休みの過ごし方も笑顔で受け入れる

話し始める前に

　中学2年生の2学期は，中学校生活全体の折り返し地点です。夏休み中，部活動に燃えた人，勉強をがんばった人，家でごろごろした人，ゲームや遊びに熱中した人，新たなことに挑戦した人，一人ひとりがいろいろな過ごし方をしました。充実した夏休みを過ごせた人も，そうでない人も，同じように笑顔で受け入れます。大切なことは，「今日からの2学期の過ごし方」であることを伝え，前向きな気持ちをもたせましょう。

鉄板トークネタ

着席している生徒全員を笑顔で見まわします。

　みなさん，どんな夏休みを過ごしましたか。○○くん，真っ黒に日焼けして，野球部で毎日がんばったんだね。○○さんは，夏休み中にあった大会で，見事に優勝しました。

　拍手！

　みなさんの姿を見まわすと，その表情や姿勢から，夏休み前よりも心と体が一段と成長しているな，と感じます。きっと，それぞれ夏休みに，がんばれたこと，成長できたこと，充実したことがあったと思います。逆に，なまけてしまい，もっとこうすればよかったな，と少し反省した気持ちで今日を迎えた人もいると思います。

　でも，大切なのは今日からの学校生活です。2年生の2学期は，中学校生活の折り返しポイントです。夏休み明けの今が，中学校生活全体を通しても今が，自分を変えていく，さらによくしていくチャンスです。学校行事も多く，1年の中で最も成長できるこの2学期を，充実したものにしていきましょう。

全体を見まわして，表情や態度などが心配な生徒がいれば，個別に声かけをしましょう。

（田中友二郎）

099

2学期の行事をイメージしてみよう！

話し始める前に

　夏休みの終わりは，生徒の多くが寂しい気持ちになりやすいときです。そんな気持ちに寄り添いながらも，2学期の生活に向けて前向きな気持ちにさせたいものです。2学期は多くの行事が行われる学校もあり，生徒が力を発揮するよい機会になります。2学期の生活に向けて，楽しさを感じられる話をしましょう。

鉄板トークネタ

笑顔で生徒の表情を1人ずつ確認し，ゆっくり明るい声で話します。

> 　みなさん，よい夏休みを過ごせましたか。部活動で真っ黒になった人もいますね。自分なりに充実した夏休みが送れましたか？（数名にどんな夏休みだったか聞いてもよい）
> 　2学期が始まりますね。夏休みが続いてほしいと思っている人はいますか。実は私もそう思っています。でも，楽しみにしていることもあります。みんなと一緒に取り組む行事です。2学期にはどんなことがありますか（数名に聞く）。みんなは，これらのことにどんな気持ちで取り組みますか。隣の人の気持ちや意見を聞いてみましょう。

　隣の席の生徒と自由に会話をさせて，楽しそうに話している生徒を見つけておきます。表情がさえない生徒がいないか，気をつけて様子を見ます。

> 　どんな話が出ましたか。自分の話でも，今聞いた話でもみんなに紹介したいと思う話を教えてくれる人はいますか。（挙手をさせる。いなければ，先ほど楽しそうな様子だった生徒に話をさせる。あくまでも楽しい雰囲気を維持する）

　押さえておきたいポイントは，キーワードとして板書します。前向きにがんばろうとする気持ちを捉え，大切にしたいものです。

> 　みんなの気持ちが伝わって，ますます楽しみになってきました。後期は学校の中心にもなります。3年生からバトンをしっかり受け取れるような成長を楽しみにしています。

（五島　　縁）

教室の椅子が教えてくれる生徒指導

目立つ「瞬発力の指導」と地味な「持久力の指導」

　生徒指導には「瞬発力の指導」と「持久力の指導」の両方が必要です。とっさの出来事や問題行動には，「瞬発力の指導」が効果的です。生徒指導がうまい教師からは，生徒たちが多くの学びを得ることができます。

　「瞬発力の指導」は効果がすぐに出て，よく目立ちます。私もこの指導で問題を解決してみたくて，何度も先輩教師がとった方法をそのままやってみました。しかし，より話がこじれてしまい，クラス全体の雰囲気が悪くなってしまうことが何度もありました。なぜかを探りたくて，先輩教師の言動をよく見ました。すると，「持久力の指導」を毎日続けていることに気づいたのです。**一見地味だけれども，生徒が安心して過ごせる雰囲気をつくることにつながる指導を継続することで，生徒との信頼関係ができ，とっさの指導のときに力を発揮するのです。**

　どちらが欠けても生徒指導は成り立ちませんが，順序があります。持久力あっての瞬発力です。先輩教師から学んだ，私が大事にしている「持久力の指導」の考え方を紹介します。

生徒の椅子に座ってみる

　生徒の椅子に座って，教室を見まわしてみましょう。どんな印象をもちましたか。

　落ち着く雰囲気，わくわくする雰囲気，逆に何か落ち着かない雰囲気，暗い雰囲気など，立っているとわからないことが座るとわかります。生徒たちは，この雰囲気のクラスで1日を過ごしていくのです。雰囲気は言葉以上にクラスをつくっていきます。

　私は，放課後，生徒の椅子に座り教室を見まわします。授業中でも，発表などで生徒の椅子が空いたら座ります。自分の授業を生徒の視点で見ると，たくさんの発見があります。黒板の見え方，掲示物の見え方，椅子の座り心地，隣の生徒との距離感など，普段は気づかないことが椅子に座るとわかってきます。授業に集中していない感じで，よく注意していた生徒の椅子に座ると，黒板が見えにくいことや，板書の文字が小さすぎたことに気づくことがあります。視界に入る掲示物が多すぎる場合もあります。**授業者の立場ではなく，生徒の立場で教室を見ると，雰囲気をつくりだしている具体的なものが見えるようになってきます。**

生徒の分身を大切にする

みなさんのクラスには生徒の名前がついているものがありますか。

私の学級では，生徒一人ひとりの机と椅子に名前シールが貼ってあります。4月にきっちり貼ってあったシールが，日が経つにつれてはがれたり，ときには落書きされたりすることがあります。少しの落書きもほうっておくと，どんどん追加されていきます。このように書くと，すぐに対応すべきだと思われるでしょうが，生徒の椅子の名前シールは授業をしているとほとんど視界に入りません。意識しないと気づけないのです。しかし，生徒は気づきます。前を向けば，自分の前席の椅子が見えるからです。その名前シールに落書きや傷があったら，自分のもされているかもと気になります。学級に対して不信感がわいてきます。さらに，授業者や担任が落書きや傷に気づかないまま日が過ぎていくと，大人への不信感につながります。**不信感を抱いている生徒が，「授業に集中しなさい！」という授業者の言葉を素直に聞くでしょうか。**

私は名前シールの傷や落書きを見つけ次第，生徒が気づく前に新しいシールを貼り直します。はがれたらのりでつけます。名前が書いてある辞書なども同じです。乱雑に置いてあれば，きれいに置き直します。もし，自分の辞書だけが雑に置いてあったら，教室は安心できる場ではなくなります。**生徒の名前が書いてあるもの，生徒が持ってきたものは，生徒の分身なのです。ものを大切に扱うことは，生徒自身を大切にすることだというメッセージを生徒に伝えます。**

生徒が見ていることを意識する

「丁寧な言葉づかいをしましょう」。よく耳にする指導の言葉です。しかし，教室での生徒との会話が雑になっていませんか。**その言葉づかいは，持久力の指導の効果を少しずつ削いでいきます。**信頼できる大人の指導だからこそ，生徒は納得して聞きます。言葉づかいには，相手を大切にしているかどうかが表れます。生徒は教師を実によく見ています。適切な言葉づかいで，生徒自身を大切にするというメッセージを伝えるのです。

ここまで読まれたらわかると思いますが，持久力の指導とは教師自身の姿勢や心のもち方が問われるものなのです。生徒とかかわる上で何を大事にするのかという意識を，明確にもてるかどうか。もちろん生徒への指導技術は必要ですが，それは道具にすぎません。あなたが人とかかわるときに大事にすることを1つ決めてください。それが生徒を指導する上であなたの軸になります。**生徒指導は，生徒の言動を縛るためのものではありません。生徒一人ひとりが安心して学ぶためのものです。生徒指導で迷ったら，生徒の立場になってみましょう。**生徒の椅子に座ると解決の糸口が見つかりますよ。

（髙田　佳和）

生徒指導コラム

学校を背負う覚悟を

2年生の後期

　10月，後期の始まりです。

　2年生の後期は，これまで3年生が背負ってきた学校を，2年生が引き継ぐ時期でもあります。2年生ですから，当然3年生がいるのに，最上級生的な感覚はもちにくいものですが，**実質的には2年生が学校を動かし始め，背負っていく時期です**。こうした学校を背負っていく覚悟を，2年生にもたせたいところです。

　では，どんな覚悟をもたせるべきでしょうか？

部活動を背負う

　2年生が背負うものの1つとして，部活動があげられます。

　夏の大会を最後に，3年生が部活動を引退するケースは多いものです。市大会，地区大会，県大会と，全国各地域での状況は様々かもしれませんが，かなり早期の段階で敗退してしまった部活動は，夏休みに入る前後で3年生から2年生へのバトンタッチが行われるはずです。上位大会へ進出したとしても，その時期の差はせいぜい1か月くらいのものです。また，文化部であれば各校で行われる秋の文化祭が一般的なバトンタッチのときです。いずれにしても，確実に2年生への代替わりは行われます。

　このときに注意したい，配慮したいことがあります。

　1つは，部長の選出です。心技体がそれにふさわしい生徒が存在すれば，悩むことはありません。しかし，おそらく多くの場合，誰をリーダーにすればよいか頭を痛めるものです。その中で，部内の状況を把握し，教師の支援を得た今後の伸びしろなどを考えて，部長を決めることになります。この**部長決めは，どのようなチームに育てるかを決めるための重要な役割を果たすものになります**。部長の性格とチームづくりの方針とが一致しないとなかなか思い通りのチームにならないでしょう。もちろん，顧問教師の支援が必要不可欠であることはいうまでもありません。

　しばらく練習を重ねると，チーム内のメンバーの技量の差も出てきます。そんなときに表れるのが生徒たちのモチベーションの差です。新チームになった頃は，全員で「さあ，やる

ぞ！」と意気込んでいた生徒たちですが，次第に様々な差が出てくるものです。技量の高低差以上に，モチベーションの差はチーム内の雰囲気を左右する重要なポイントです。モチベーションが下がらないような顧問教師の働きかけや目標設定は，この時期の大切な指導内容です。

　中学校生活を充実させる要因の１つである部活動の充実，活発化が図られるように，自分たちが部活動を引っぱるのだという自覚と，責任や覚悟をしっかりともたせることが大切です。

生徒会や行事を背負う

　後期の生徒会活動の中心を担うのは，多くの場合２年生です。３年生は２年生のバックアップにまわり，２年生が先頭に立って活動を進めていくことになります。**生徒会や行事を３年生に代わって２年生がリードするのだという覚悟をもたせたいもの**です。この覚悟は，生徒たちが学校を背負うという覚悟にほかなりません。こうして代々の覚悟が受け継がれ，長年続くことによって，それらの活動自体が学校の伝統となっていくのです。言い換えれば，これこそが伝統を受け継ぐ覚悟というものでしょう。

　生徒会役員の活動や働きの質は，生徒会活動の活性化を左右し，他からの評価にもつながります。しかし，役員だけの働きで評価されるものではありません。役員たちのリーダー性に導かれて，他の生徒たちの士気が高まり評価につながるものなのです。つまり，学校全体で盛り上げる，成功させるという気運が高まらなければ，決して高く評価されません。

　覚悟をもち，まわりの生徒たちをも鼓舞するような活動をすることが，生徒たち自身の能力をより伸ばすことにもつながると思います。

学習する姿勢をより強める

　学習する姿勢は，他学年や他の学級から見えるものではありません。しかし，その雰囲気はなんとなく他に伝わるものです。学級の学習する雰囲気づくりを大切にしたいものです。

　学習は進路に直接つながる大きな要素ですが，「３年生になってからがんばればよい」という考え方をする生徒もいます。１年生からの積みあげですから，本来は１年生からしっかりと取り組むべきものです。しかし，先のような勘違いをする生徒もいるのが現状ですから，２年生の学習内容の重要性を説きつつ，そうした時期に，再度学習への動機づけをしたいものです。

（石川　学）

8章

秋の行事指導の
ポイント＆
アイデア

「合唱コンクール指揮者・伴奏者」
指導のポイント＆アイデア

「合唱コンクール指揮者・伴奏者」指導のポイント

✓ 生徒をピックアップする

　指揮・伴奏に興味がある，得意とする，挑戦したいと思っている生徒をピックアップしておきます。音楽科の教師からも情報を仕入れておくとよいです。もし，経験がなくとも挑戦させたい生徒がいる場合は，必ず音楽科の教師の助言をもらいましょう。

✓ オーディションを活用する

　立候補者が複数出た場合は，オーディションを開くことが望ましいです。担任だけでなく，学年主任，音楽科の教師など，複数の目と耳で選考します。悩ましい場合は，即決しないで時間をおくとよいでしょう。合格した子，落選した子への言葉かけも忘れないようにしましょう。

✓ 事前に音源や楽譜を配付する

　指揮や伴奏は短期間では上達しません。なるべく早い段階から，音源や楽譜を配付しましょう。また，敬意をこめて，練習してくれている生徒を気づかいます。ときには一緒に練習したり，相談に乗ったりするとよいでしょう。

✓ 指揮者・伴奏者に合唱のポイントを共有させる

　指揮者・伴奏者に楽譜を読み込ませましょう。その上で，テンポや表現のつけ方などについて打ち合わせをさせます。両者が共通理解をもって進めていかないと，練習がぎくしゃくします。さらに歌いづらい箇所の確認もしておくと，焦点を当てた練習ができます。

✓ パートリーダーとの情報交換を頻繁に行わせる

　指揮者・伴奏者が考えたポイントは，パートリーダーにも伝えていきます。パートリーダーから指揮者・伴奏者へ意見を出してもよいでしょう。このように，合唱の中心となるメンバー全員に歌づくりのポイントを共有させ，歌い手全員へと広げていきます。

✓ 練習の度に担任と作戦を練り，実行し，反省する

　何事も PDCA サイクルを重んじましょう。まずは，その日ごとに少しでも変化が起きるように作戦を練り，実行します。1 日の終わりには簡単でよいので反省会をし，次の作戦を練ります。反省会は，担任も交えて，短くスムーズに進めましょう。

「合唱コンクール指揮者・伴奏者」指導のアイデア

① 指揮者・伴奏者と担任で勉強会を開く

指揮者・伴奏者，ならびに合唱曲が決まったら，その2人と担任で楽譜をもとに勉強会を開きます。

指揮者や伴奏者は，担任以上に音楽に長けている場合が多いと思います。2人と曲に対するイメージや，どこがこの曲のポイントか，あるいはどこが難しいかなどを話し合うとよいでしょう。

話し合ったことを楽譜に書き込んでいきます。曲想がイメージできるように書き込んでいくと，指揮者と伴奏者の息をあわせるのに効果的です。

練習を重ねてきたら，書き込んだ楽譜を拡大して教室に掲示し，ポイントになるところを全員で共有できるようにすると効果的です。

なお，勉強会の内容などを詳しく報告する必要はありませんが，勉強会を開いたことは短学活などで簡単に紹介しておくとよいでしょう。

「昨日，指揮者の○○さんと伴奏者の□□さんと私で，楽譜を見ながら上手に歌うためのポイントを確認し合いました。勉強の成果は，これからの練習で徐々に発揮してくれると思います。まずはこのように努力してくれていることを伝えておきます。○○さん，□□さん，ありがとう」

指揮者も伴奏者も陰の努力は相当なものですので，担任は2人にプレッシャーがかかりすぎないように配慮しながら紹介しましょう。

2 指揮者や伴奏者をほめ上手にする

練習を重ね，指揮者や伴奏者の合唱への思いが強くなってくると，2人から学級全体への要望が増え，厳しい言葉が出てしまうことがあります。

「男子はもっと口をあけてくださいと言っているのに，ちっとも変わっていないじゃない」

「女子パートのところが速くなってきています。指揮をちゃんと見てほしいです」

少しでも合唱を高めたいという思いがあるだけに，強い口調で伝えてしまう指揮者や伴奏者がいます。

こうしたことは十分に予想できるので，2人には気持ちをおさえて「ほめ上手になろう」と話しておくとよいでしょう。

「君たち2人の陰の努力はみんなよくわかっているよ。みんなも君たちの期待に応えようと思っていると思う。しかし，素直になれない成長過程の級友がたくさんいるんだ。うまくいっていないところは指摘したいと思うけれど，その前によいところを3つ言ってから伝えると，みんなはよく聞いてくれるよ。こうしたことができる人をほめ上手というんだよ」
などと，具体的にほめ方を伝えておくことが大切です。

3 合唱の配置を考えさせる

指揮者や伴奏者，パートリーダーに，どのように並んで合唱をすると自分たちのパフォーマンスを最大限に発揮させられるのかを考えさせます。

この過程で，上手に音取りができない級友を音取りができる級友で挟んでフォローするように配慮したり，パートリーダーの位置を考えてパートが安定した歌声になるように工夫したりと，様々な考えが出てきます。

自信をもって歌える生徒ばかりではありません。指揮者や伴奏者，パートリーダーにこのよ

うなことに気づかせるためにも，「君たちの力が100%発揮できる配置」を考えさせるとよいでしょう。

配置を考えさせるときには，合唱を通して仲間と支え合い，みんなで合唱を創りあげる関係づくりをぜひとも生み出したいという，担任の思いを伝えることを忘れてはいけません。

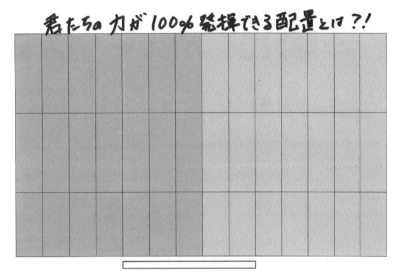

君たちの力が100%発揮できる配置とは？！

❹ オリジナルお守りづくりをさせる

本番直前は，誰もが緊張します。いつもの冷静な気持ちになることが大切です。

そのときのために，指揮者や伴奏者，パートリーダーとともに，オリジナルお守りをつくろうと提案するとよいでしょう。お守りは，学級を心ひとつにするための有効な手立てになります。

表面には，学級の集合写真などをプリントし，裏面には，指揮者や伴奏者，担任の思いを載せます。指揮者たちには，「みんなが君たちの考えた文面を読むことで，よし！と気持ちが高まるフレーズを出してほしい」と依頼するとよいでしょう。

実際にやってみると，生徒は胸ポケットなどにお守りを入れて入場し，本番直前にはチラッと見ます。生徒同士や担任との心を結ぶお守りには，緊張をほぐす以上の効果があるようです。年度末まで大切に保管する生徒が多くいます。

（武田　慎平）

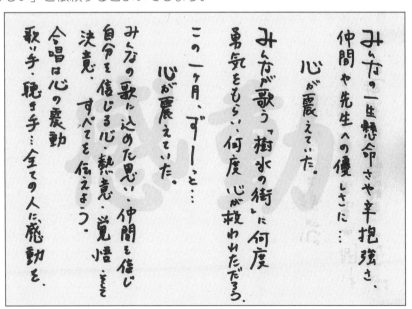

みんなの一生懸命さや辛抱強さ、
仲間や先生への優しさに…
心が震えていた。

みんなが歌う「樹氷の街」に何度
勇気をもらい、何度、心が救われただろう。

この一ヶ月、ずーっと…
心が震えていた。

みんなの歌に込めた思い、仲間を信じ
自分を信じる心・熱意・覚悟、そして
決意、すべてを伝えよう。

合唱は心の震動
歌い手・聴き手…全ての人に感動を。

「合唱コンクール学級全体」
指導のポイント＆アイデア

✔指揮者と全員が目をあわせる

指揮者と全員の目があうように，合唱への意識や仲間との信頼関係を高めます。まず，ここができていなかったら，歌い始めてはいけないと指導します。逆に，ここができていれば，気持ちがそろい，よい歌い出しができるかもしれません。

✔全員の動きをそろえる

歌い始める際に，指揮者が腕をあげます。それと同時に，歌い手は足を広げ，歌う姿勢をとります。その一連の動きをズレなくそろえさせます。合唱は歌うことだけではありません。こういった小さな動きまでそろえさせることも合唱指導です。

✔ブレスをそろえる

目をあわせ，動きをそろえ，そして，ブレスをそろえます。これでようやく，学級全員の気持ちが１つになったといえます。ブレスをそろえるとは，息を吸うタイミングだけでなく，息を吸う量，そのときに生まれる音までもそろえることです。

✔口の開き具合をそろえる

みんなが同じ口の開き具合で歌うことができたら，きっと学級はよい雰囲気であると思います。歌うことが得意な子，苦手な子，好きな子，嫌いな子，様々な子の集まりが学級です。その子たちすべてが口の開き具合までそろえられるよう，指導します。

✔音楽記号の共通理解を図る

合唱曲には，音楽記号があります。まずは，それぞれの音楽記号の意味を教えます。知らずに歌っている子は意外と多いです。みんなで同じ注意点をもち，同じ工夫をするからこそ，合唱ができあがります。音楽記号を全員に理解させるのは，その第一歩です。

✔歌詞の共通理解を図る

ある程度，全体の動きや心構え，音楽知識の理解がそろってきたら，合唱曲の歌詞に迫りましょう。その歌は，どのような気持ちで，どのような情景を思い浮かべて歌うべきでしょうか。生徒がそれぞればらばらな理解では，合唱や学級の気持ちは１つになれません。

「合唱コンクール学級全体」指導のアイデア

1 思いであふれた学級通信発行

　行事を成功させるには，担任と生徒をつなぐ糸を強固なものにしなければいけません。学級通信は自分の思いを生徒に伝える絶好のツールです。

　ここで大切にしたいことは，自分の心を素直に言葉で表現することです。生徒が通信を読んだ後に，少しでも表情や心に変化があるように願って綴ります。生徒や学級に対する愛情を，通信を媒介にして注ぐことで，生徒の心を少しずつ変えていきます。

　生徒の様子をよく見て，気づいたことや感じたことをメモしておくと，通信が書きやすくなります。あえて手書きにしたり，絵を描いたりして，思いを伝えてもよいと思います。

●●中学校　●年●組　学級通信　**前へ！**　●年●月●日

緊張なんかしない。
不安にならない。

迷うことは何もない。

覚悟を決める。
顔つきを変える。目に力が宿る。
心が熱くなる。

呼吸を整える。
自分を信じる。
仲間を信じる。

本気の本気で歌う。
気持ちを100パーセント，こめる。
魂をこめる。

これまでのすべてをこめて，これまでのすべてを表現する。
歌声はもちろんのこと，歌う姿で，聴く人を魅了する。
自分自身が感動するくらい。

歌い終わった後，どんな世界が見えるのだろうか。

やれるだけのことはやった。
胸を張って，最高の姿を見せてくれ。最高の合唱を聞かせてくれ。

信じている。

2 生徒と生徒をつなぐ

　前述の担任と生徒をつなぐ糸だけでなく，生徒と生徒をつなぐ糸も強固なものにしていきましょう。学級ノートや交換日記などをやっていませんか？　日直や学級日誌のコメントなどでもかまいません。短い時間ができたときに，簡単な紙に書かせてみてもよいと思います。生徒の正直な気持ちは，できる限り他の生徒にも紹介します。学級通信やプリントなどにして配ってもよいでしょう。行事では困難を乗り越えることが要求されます。互いの気持ちがわからないまま練習に取り組んでいくと，やがて困難が近づいたときに疑心暗鬼となり，不協和音が生まれます。気持ちを共有し合うことは本当に大切です。

③ ハーモニーを楽しませる

　ある程度パート内で音がとれるようになったら，各パート2人ずつくらいで集まって歌います。それぞれの音や声量の確認ができるだけでなく，少人数で歌うからこそ，ハーモニーを感じやすくなり，楽しく歌うことができます。

　また，自分の歌声がハーモニーをつくる上で不可欠であることを実感し，自己の存在をあらためて大切だと感じることができるかもしれません。それだけでなく，笑顔で歌ったり，アドバイスをし合ったりすることで，学級の仲間とのかかわりが増え，よりよい雰囲気で合唱練習ができます。

④ みんなで腹筋をする

　腹筋をして体幹を鍛えることで，体を支えて声を出せるようにすることが目的だと思われるでしょう。そうではありません。学級でどうしたらよりよい合唱ができるか考え，そのために自分たちにできる小さな努力を継続させることが目的です。

　生徒たちは「いつ」腹筋をする時間があるかを考えます。

　朝，少しだけ早く集まる，給食の準備・配膳を早くすませるなどの工夫で，普段の生活から合唱のために時間を生み出し，全員で努力することで，生徒間のつながりは強くなります。

⑤ 窓を活用

　行事の前日に，生徒たちが黒板にそれぞれの思いを書いたり，装飾をしたりすることはよく見られます。

　では，担任の舞台はどこでしょうか？　それは窓です。

　朝，生徒たちが教室に入って，黒板を見ると同時に，窓を見ると……そこには，担任の熱いメッセージがあるように演出します。カーテンを閉めておいて，バッと開いて生徒を驚かせるような演出もグッドです。

　写真は，行事の後に，教室で掲示して1年間大切にしたときのものです。

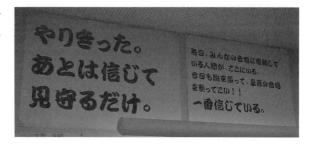

⑥ もう一度歌おう

　これを実現させるには，練習段階から，「結果がどうであれ，合唱コンクールが終わって教室に戻ってきてから，もう一度歌おうと言える合唱コンクールにしよう」と意識づけをすることが必要です。さらに，自然発生的に生徒から「最後は担任の先生に合唱を贈ろう」と行動できたらベストです。そんな素敵な学級をつくりたいものです。

　担任が自己演出してはいけません。事前の意識づけや，担任と生徒との関係づくりがあってこそできるものです。他の教師に，教室に入ったときに「担任の先生に歌ってあげてね」と語ってもらうのもよいかもしれません。

　ハイレベルな活動かもしれませんが，実現可能です。生徒たちの思いがこもった活動になれば，涙なしにはいられません。

（武田　慎平）

火種だらけの２学期！

行事目白押しの２学期

２学期というのは，１年を通して見ても，様々な行事が集中している大変忙しい時期といえます。しかし，忙しさの理由は，それだけではありません。**行事があるところに問題あり。**クラスや学年に問題が多発するのも，この時期なのです。

時間的な「忙しさ」が生む弊害

学校行事は，当日だけのものではなく，その日に至るまでの練習や準備が必要です。行事が多い２学期は，生徒も教師も常に「やるべきことに追われている状態」といえるでしょう。

時間的な余裕のなさは，心の余裕のなさにつながります。集団生活は，そこに所属している人間同士の，少しの「思いやり」や「許し」があって，初めて成立します。しかし，「思いやり」や「許し」は，心の余裕がなければ発揮できません。自分のことで精一杯なのに，他人のことまで手がまわるわけがありません。こうした心理状態から，些細なことをきっかけとして，人間関係のトラブルに発展しやすくなるのだと考えています。

全員で同じ方向を向くことの難しさ

行事の際に起こるトラブルは，多くが，「〇〇くんが練習をやってくれない」「●●さんが何回注意してもよくならない」という，行事に対して真剣に取り組んでいる生徒からの訴えから始まります。この問題は，**行事に対する熱意の差によるものです。**しかし，よくよく考えてみると，この違いは，むしろあって当然のものといえるのではないでしょうか。

学級には様々な生徒が在籍しています。合唱コンクールを例にあげると，歌うのが好きな生徒もいれば，楽譜が読めない生徒，正しい音階がわからない生徒だっています。合唱に対して抱く感情は千差万別です。それなのに，「みんなで優勝を目指してがんばろう！」となるわけですから，**こんな矛盾はありません。**

そもそも，どんな生徒だって，やれるものならやっています。やれないから苦労しているのに「もっとがんばれ！」と言われて困り果てます。注意する方も，善意で言っているのにどう

して伝わらないのか……と頭を抱えます。「みんなでがんばろう」の意味を，「みんな同じレベルでがんばろう」と捉えてしまうと，このようなすれ違いが起きるのではないでしょうか。

「自分のレベルをあげる努力をすること」が共通目標

　全員で同じ目標に向かうことは大切です。しかし，一人ひとりの到達するレベルは全員一緒にはなりません。学級は，精鋭部隊ではなく，得意も不得意も混ざった集団なのですから……。

　私は，行事の最初に，生徒にこのような話をするようにしています。

　「学級には，様々な子がいます。得意・不得意も，好き・嫌いもあります。だから，みんな同じようにはできないけれど，自分に合った努力をしましょう。得意な子は得意を生かし，苦手な子をフォローしてあげる。苦手な子は，苦手なりに努力する。そうやって，みんなが自分を高めようと努力することを約束してください」

　注意されるべきは，「レベルがあがらない」ことではなく，「やれることをやらない」ことです。それがわかっているだけでも，ずいぶん違う結果になります。

よいところを「見える化」する工夫

　心に余裕がないときは特に，他人の嫌な面が目につきやすいものです。そういう意味で，行事に追われる2学期は，まさに火種だらけの状況であるといえます。

　その状況を踏まえて，**行事の際には，なるべく友達のよいところを「見える化」する工夫を心がけましょう。**

　例えば，生徒が日々の出来事を書いた日記や，生徒との会話の中であがった「友達の努力する姿」を掲示物で紹介したことがあります。**どんな些細なことでもよいから，いろいろな生徒の「努力する姿」を目に見える形にすることがコツです。**紹介されて悪い気がする生徒はいませんし，さらなるやる気にもつながります。問題が起こったときに，「でもね，この子もこんな努力をしているよ……」と，諭す材料になったこともありま

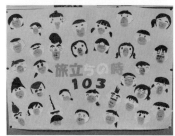

した。教師側も余裕のない時期ではありますが，「よいところ探し」は，唯一外すことのできないタスクだと考えています。

　また，よくある取り組みではありますが，行事に対する目標を掲示するのも有効です。**大切なのは，生徒たちの前向きな気持ちを目に見える形にすることです。**

（野間　美和）

2学期の通知表文例集

体育大会に向けて努力した生徒

> 体育大会では，長距離走に出場しました。夏休み中から体育大会に向けた陸上練習にも参加し，自分の力を伸ばそうと努力する姿は立派でした。体育大会当日，緊張しながらもまっすぐ前だけを見て走りきった姿に，努力の成果を感じました。

　体育大会の種目には，希望者がなく学級種目決めが難航するものがあります。そのような中で，自分の得手不得手にかかわらず，学級のために貢献しようと前向きに取り組む生徒がいます。その生徒の姿をしっかりと観察し，どう努力したのかを伝えていくことが大切です。

行事に取り組む中で成長した生徒

> 体育大会の応援練習では，何をしたらよいのかわからない1年生に対して，やさしく声をかける姿がありました。そして，一緒に動きを確認する姿に頼もしさを感じました。

　学校行事の中でも，昨年までとは違う姿を見ることができます。普段の練習の様子を細かく観察し，生徒の変化を見逃さないようにしましょう。また，行事で成長したことなどのテーマで生徒自身に振り返りをさせることで，生徒自身の思いがわかりやすくなります。

長期休みなどの後に遅刻が増えてしまった生徒

> 夏休みに乱れてしまった生活リズムを戻せず，朝の登校時間に間に合わない日が多くありました。学校生活で意識できている時間を家庭生活でも意識できるようにしましょう。

　学校内で意識できていることも，学校から離れるとできなくなることがあります。学校ではできていることを伝えながら，保護者に改善点を伝えられるようにしましょう。

自主学習の取り組みに工夫が見られる生徒

> 毎日の自主学習ノートに工夫が見られるようになりました。ただ問題を解いて答えあわせをするだけでなく，自分の間違いを見直し，どこをどう間違えたのかをまとめるなど，自分の力を高めようと努力することができました。

　保護者会などで「うちの子は課題を出せていますか」という声を聞きます。家庭学習の内容ではありますが，中学生にもなれば保護者が子どものノートを確認しづらいものです。家庭学習の状態を具体的に伝えていくことで，保護者との連携を密にできるようにもなるので，定期的に自主学習ノートのコピーをとっておくことをおすすめします。

職場体験学習で新たな一面が見られた生徒

> 職場体験学習では，保育園で３日間活動しました。事後のまとめの中で，状況を判断して動くことの大切さを学んだとあり，活動を通して自分の視野を広げることができました。３日間で得たことをこれからの生活の中でも生かしていけるとよいと思います。

　２年生では，職場体験学習に出かけ，働くことの意味を学ぶことになります。分野ごとに分かれた活動になるため，担任をしている生徒の様子が見えづらいところもあります。担当者と情報交換を細かく行うようにしましょう。普段の学校生活では見ることのない姿が見られる機会にもなりますので，見逃さないようにしたいです。

忘れ物が減らない生徒

> 毎日の授業の中で必要なものがそろわない日が多くありました。持ち物の確認をしなければという意識はあるものの，当日に準備をすることが多く，確認不足になったようです。原因ははっきりしているので，今後は事前に準備するようにしましょう。

　基本的な生活態度を身につけられず，授業で必要なものがそろわない生徒がいます。各授業での生徒の様子を細かく把握するため，教科担任に気になる生徒の様子を定期的に聞いておくとよいでしょう。その中で生徒自身と原因の確認をしながら，どうすれば解決できるのかを共に考えていくことが大切になります。

学校行事で活躍が見られた生徒

> 合唱コンクールでは，パートリーダーとして学級の課題曲の完成に向けて尽力しました。練習計画を立てたり，仲間が練習に参加しやすい雰囲気をつくったりと，仲間の思いに寄り添って行動することでまわりからの信頼を得ることができました。

　合唱コンクールでは，多くの生徒が活躍します。伴奏者や指揮者はもちろんですが，パートリーダーなどの縁の下を支える存在も見逃さないようにしましょう。普段は大人しい生徒の中にも，合唱コンクールには熱い思いをもっている生徒が多くいます。日記などの内容も参考にするとよいでしょう。

係の仕事以外で働いていた生徒

> 毎朝，一番に登校し，教室の窓開けを行いました。また，学級の配付物などがあれば，率先して配ります。誰かに頼まれたからではなく，自ら考え行動する姿は立派です。また，誰も見ていないところでもまわりのために動けることに感心しました。

　朝は，多くの生徒が決まった時間に登校します。その中で，毎日少しだけ早く登校し働いている生徒がいます。その姿を見逃さないように，ときどき時間を変えて朝の教室の様子を観察するようにしましょう。きっと，教師が気づいていないところで，まわりのために動いている生徒の姿を見ることができるはずです。

係の仕事に取り組めていない生徒

> 自ら率先して係に立候補しましたが，時間が経つにつれ最初の気持ちが薄れてしまったのか，係の仕事を忘れることが多くなりました。1つのことに最後まで責任をもって取り組む姿勢は今後の生活にも必要です。はじめの気持ちを大切に生活しましょう。

　集団生活は多くの係の働きで成り立っています。自分の仕事に責任をもつことの大切さを伝えるとともに，学級には自分の存在が必要であることを認識させられるとよいでしょう。係を決める際に決意文などを書かせておくと，はじめの気持ちを確認することができ，自分の言動に責任をもつことにもつながっていきます。

（松井　綾子）

9章

学級
グレードアップの
アイデア

「教室環境」
グレードアップのアイデア

① 担任のあたたかいメッセージが学級を変える

　背面黒板に担任からのメッセージを書くスペースを設けます。そこに，学級の成長点，課題点，願い，励ましなどを書きます。生徒はそれを読むことで学級の目指す方向をつかみます。中学校は，小学校と比べて担任と生徒がかかわる時間が少ないため，このような手立てが有効に働きます。特に体育大会や文化祭，定期テストなどの行事の前には，こうした担任からのメッセージが生徒にとって大きな支えになります。

　メッセージを書くのは毎日でも，週ごとでも，学級の実態や担任の思いで決めればよいと思います。背面黒板にメッセージを書くのをすすめるのは，消されず残っているからです。教師の中には，毎朝生徒の登校前に黒板にメッセージを書く方もおられます。どちらのやり方でも，学級の生徒はいつも教師に見てもらっている，支えてもらっていると実感できるのではないでしょうか。

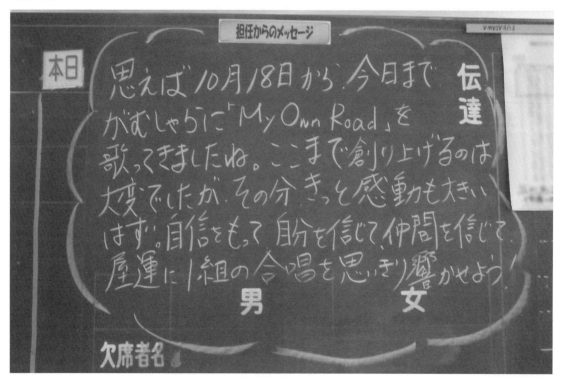

❷ 新聞を活用し，様々な力を身につけさせる

新聞を以下のように活用しました。
① 朝，担任から新聞を受け取り，一通り読んで気になる記事を見つける
② その記事を切り抜いてワークシートに貼りつけるとともに，思ったことや感想を記入する
③ 帰りの会などの短学活で，ワークシートをもとに発表する
④ 発表したワークシートを毎日掲示する

この①〜④を毎日行います。発表する生徒は，日直でもよいですし，出席番号順でもよいです。これに継続して取り組むことで，「文章を読み取る力」「社会の動きを知る力」「自分の考えをまとめる力」「自分の考えを人前で話す力」「仲間の話を聴く力」など，さまざまな力が身につきます。

これらの力は学校生活だけでなく，社会に出ても必要なものばかりです。スマホなどが普及し，活字離れが叫ばれている今こそ，この新聞活用法は子どもの成長に大きく役立つと思います。

❸ 生活記録ノートを活用し，学校生活の質を高める

その日の振り返りや思ったことを毎日，生活記録ノートに書いていきます。それを担任が回収し，赤ペンで返事を書いて返却します。中学校は小学校よりも学級の生徒と会話する時間が少ないです。だからこそ，この生活記録ノートのやりとりが重要になってきます。

生活記録ノートに，テスト前の不安な気持ちや，行事前の楽しみな気持ち，学級に対する思いなどを書いてくる生徒もいます。そのような内容を見逃さずに，学級の仲間に伝えます。伝えるときは，誰が書いたのかわからないように注意しましょう。短学活で紹介してもよいですし，学級通信や掲示物にしてもよいと思います。仲間の思いを広めることで，「自分以外にも悩んでいる人がいたんだ」「私も同じ気持ちだ」「私もがんばろう」という気持ちになり，学級全体がよい方向に向くことが少なくありません。仲間の思いを広め，学級全体で考えさせて，同じ方向に向かわせることで，団結力も高まっていきます。

（深澤　成雄）

「掃除」
グレードアップのアイデア

1 キャンペーン活動で掃除の質を高める

　賛否両論ありますが，いわゆる無言清掃を取り入れている学校が多くあります（学校によっては「私語なし掃除」「黙掃」「黙働」と呼ぶ場合もあります）。生徒に求めているのは，「無言」ではなく，真剣に集中して取り組む姿ですが，なかなか徹底できないという学校も少なくないと思います。

　そこで，キャンペーン活動を仕組みます。取り組み方は，以下のようにします。

①学年集会でリーダー会や美化委員会から生徒にキャンペーンの概要を伝える

②各掃除場所の班長が，班員の掃除の様子を見る

③帰りの短学活で，級長（美化委員でもよい）が各班長に結果を聞くとともに，明日につながるコメントを言う

④全員で集中して掃除ができたら○，そうでなかったら×を学級の取り組み表に書く（あくまでも目安。全員の気持ちを１つにすることと意識の向上がねらい）

⑤各クラスの結果を，書記（美化委員でもよい）が学年の取り組み表に書く

⑥すべてのクラスが○になったらキャンペーン終了

　（こうした生活運動は，全員の意識を高めることが大切。徹底してやり遂げることと繰り返し行うことがポイント）

⑦学年集会でリーダー会や美化委員会による総括をする

日にち	●日	●日	●日	●日	●日	●日	●日	総括
2年1組								
2年2組								
2年3組								
2年4組								
2年5組								

"真剣" 清掃キャンペーン　リベンジ

"真剣" 清掃を伝統にするために学年の力をあわせよう

❷ 掃除の仕方を紹介し，正しい掃除ができるようにする

　生徒が道具の使い方，掃除の仕方を知らないと，掃除ができるようにはなりません。そこで，掃除の仕方を紹介します。これは教師主導よりも生徒主導の方が効果があります。具体的には，生徒集会において，生徒会による劇で掃除の流れを紹介したり，美化委員化が掃除の時間に巡回して，黙々と掃除をしている生徒の様子をビデオにとって，昼の放送で流したりします。また，一生懸命掃除をしている生徒に，「なぜ，掃除をがんばっているのか」「一生懸命掃除をするとどんな気持ちになるのか」「掃除のよさは何か」とインタビューして，その答えを生徒会だよりや昼放送で紹介します。

　こうした取り組みで，「私も明日から掃除がんばってみようかな」という気持ちになる生徒が少しずつ増えていき，学校の掃除の時間の様子も変化していくと思います。

　どうしてもよくない姿や悪い姿に目がいきがちですが，そうではなく，がんばっている姿，光っている姿をどんどん紹介して，生徒の意識を高めていくことが重要です。

❸ 落ち着いた掃除の時間をつくるために

　清掃活動を確かなものにするために，掃除の前に黙想をします。6時間目の授業が終わり，各掃除場所に移動し，音楽が流れたらその場に座って黙想します。1分程度でよいので，全校で一斉に黙想し，静かな雰囲気をつくって掃除を始めます。音楽もオルゴール調の落ち着いた曲を流します。生徒たちは，黙想しながら自分に問いかけます。「今日はどうやって掃除しよ

うかな」「どこを重点的にやろうかな」「昨日よりもがんばって掃除しよう」というように，自分と対話するのです。こうした時間をもつことで，心が落ち着いた状態で掃除の時間に入ることができます。落ち着かない状態で掃除をしても，静かに集中して取り組むことはできません。掃除の時間は1日の中で20分程度ですが，毎日このような時間を積み重ねることで，学級全体が落ち着いてきます。

（深澤　成雄）

「日直」
グレードアップのアイデア

1 教科担任にインタビューをする

　中学校では教科担任制のため，授業をするのが学級担任ではない教師だったり，他学年の教師だったりすることばかりです。学年所属の教師ならまだしも，他学年の教師が教科担任だと学級との関係は授業だけのつながりになってしまいます。また，週に一度しかない教科であると，教科担任の教師が学級をどのように見ているのか，評価をもらう時間もありません。そこで，日直が教科担任の教師にインタビューするのです。

　その日の授業でよかったことや気づいた問題点を聞くことで，より充実した内容を学級日誌に記入ができます。また，帰りの会で学級全体に伝えることで，よりよい学習環境を整える一助になるはずです。

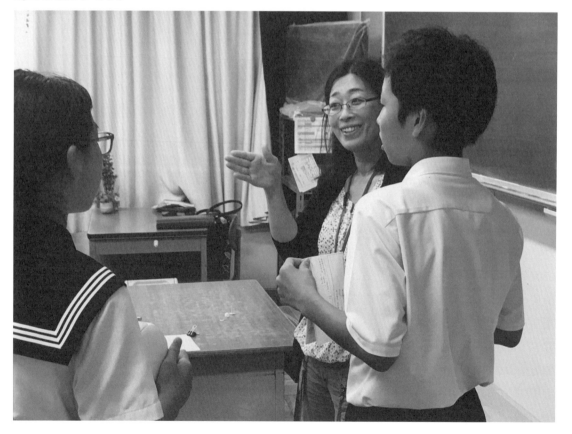

② 傘の整頓を行う

雨の日，生徒たちの登校時の様子は，その日の天候のように少し暗い感じがします。雨の中を歩いてきて疲れたり，靴下も制服も濡れてしまったりで，気分は晴れません。

雨の日でも，すがすがしく過ごせるように考えるのも日直の腕です！　ふと見たときに，傘立てがきれいに整っていると，さわやかな気持ちになります。また，下校するときにきれいに整った傘立て

から自分の傘を取り出すと，今日１日がんばったという達成感も倍増します。

傘立ての整理整頓を仕事の１つに加えることをおすすめします。

③ 朝の会・帰りの会の司会を日直２人で行う

日直の仕事の定番の１つである，朝の会・帰りの会の司会。みんなの前に立って何かを話す機会は，学級委員でなければそんなに多くありません。恥ずかしがって日直の１人だけが全部

話してしまっては，せっかくの機会が台無しです。

まずは人前に立ち，大きな声で話ができることが大切。担任は，話す内容をあらかじめ決めておきましょう。そして２人で役割分担を決めて行わせましょう。

今後，入試や就職活動で面接を受ける機会があります。人前で話す緊張感に慣れたり，どんな発声がふさわしいのかを試したりと，役立つ経験となります。

（岩田　光功）

「朝・帰りの会」
グレードアップのアイデア

① 道徳授業の前後に教科書や内容に関する資料を読む

　2019年度より中学校でも教科化された「特別の教科　道徳」。今まで以上に生徒自身の考え
を深めさせる授業が求められています。また，教科書が定められ，中には長文の教材を用いた
授業になることで，考えさせる時間，深めさせる時間がたりなくなることも予想されます。

　そこで朝の会の時間を使い，あらかじめ道徳の教科書を読ませておくのはどうでしょうか。
展開部分での教材理解の時間を短くし，考える時間を確保することができます。また，終末で
は生徒のまとめの発表だけでなく，本時にかかわる内容のコラムや説話を読ませることで，よ
り深い学びができます。

② 今日のよかったところを発表する

　帰りの会は，その日1日の学校生活全般について，学級として，個人として，どのような1日であったかを振り返る時間です。今日の反省として，懺悔のようにマイナスな部分ばかりを発表させるのでは，気持ちのよい締めくくりになりません。

　例えば，司会に今日のよかったところを発表させます。そのために，休み時間を使って，学級担任や教科担任が，よかったところを聞かせておきます。

　「この学級に出会えてよかったな」「また明日も学校にきたいな」といったプラスの気分を育む時間を帰りの会でもちたいです。

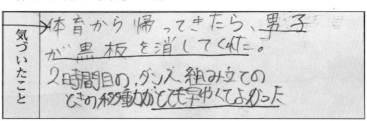

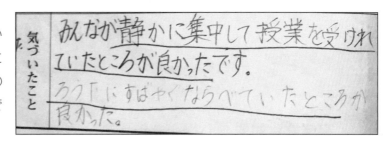

③ 翌日の持ち物を教科係が発表する

　日直，リーダーが発表するだけでは，自治的・自発的な活動になりません。そこで係からの連絡を行う中で，1人でも多くの生徒にみんなの前で発表する機会をつくるために，教科係に翌日の授業の持ち物を発表させます。

　進級すると意識し始めるのが，卒業後の進路です。その試験では「面接」を行うところもあります。普段話すときの声の大きさや速さでは面接官に伝えられません。3年生になってからではなく，早めに準備できることは進めておきたいです。トレーニングの意味も含めて，できる限り多くの生徒が発表する場をつくりましょう。

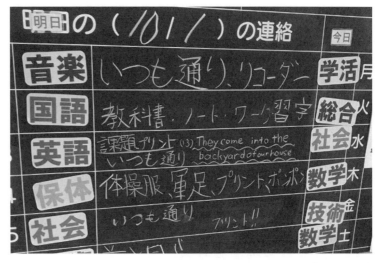

（岩田　光功）

送る立場としての

卒業式

成功のための 5つのポイント

1 卒業式に対する心構えを伝える

まず卒業式に対する心構えや意義を伝えます。卒業式は3年間で1番大切な時間であり、「儀式」であるということです。行事ではなく儀式です。この心構えの違いを必ず押さえておきましょう。

2 名脇役になることを伝える

卒業式の主役は卒業生です。主役がいれば、そこには必ず脇役がいるものです。卒業式の練習までに、在校生には卒業生（主役）を引き立たせる最高の名脇役になろうと伝えます。

3 今日の練習のポイントを伝える

3年生にとって卒業式が最高の瞬間となるよう、練習に一生懸命取り組むような働きかけをします。そのためには、「今日の練習のポイント」を毎日伝えることが大切です。

4 来年をイメージさせる

2年生には来年の自分たちの姿をイメージさせます。来年は必ず「送られる立場」になるからです。そのために、今年は名脇役として「送る立場」をきちんと全うさせることが大切です。

5 身なりを整えさせる

卒業式は、3年間で最も重要な儀式です。そのため、参列する者として恥ずかしくない身なりがとても大切です。頭のてっぺんから足のつま先まで確認していきます。

❶ 卒業式に対する心構えを伝える

在校生にはまず「卒業式の心構え」について話をします。それは，「卒業式は儀式である」ということです。中学校の卒業式は，同時に義務教育の卒業式でもあります。小学校の卒業式とは何が違うのか，義務教育が終わるとはどういうことなのかなどをしっかり説明し，生徒たちが卒業式の心構えをきちんと理解した上で練習に取り組ませなければなりません。

「卒業式は行事の１つ」だと思っている生徒には，「卒業式は行事ではない」ことや「卒業式は３年間で一番大切な儀式である」ということを押さえさせる必要があります。在校生の中には，卒業式の重みや，なぜ卒業式に出席しないといけないのかをわかっていない生徒がいるはずです。卒業式に向けての心構えや意義についてきちんと理解させておかないと，練習がダラダラとしたものになってしまい，主役である卒業生たちの花道を飾ることができません。卒業生は当然のことながら，きちんと気持ちをつくって練習から真剣に取り組みます。在校生にも送り出す側としてきちんとした態度で臨ませるために，必ず各学級でこれらの話をしておきます。

卒業式後は，実質２年生が最上級生です。来年度から立派な最高学年としてスタートできるように，教師は「１年生を引っぱり，３年生には安心してこの学校を任せられると思ってもらえるような練習にしよう」と，前向きな声かけをしましょう。

❷ 名脇役になることを伝える

１に続いて，在校生には「最高の名脇役」になってほしいと伝えます。ドラマや映画の世界には必ず主役と脇役がいます。ドラマや映画は主役だけでは成立しません。脇役の演技が主役を引き立たせるからこそ，そのドラマに感動が生まれます。これは卒業式にも当てはまると思います。卒業式の主役は当然，卒業生です。脇役は在校生。この在校生の取り組みで，卒業式の良し悪しが決まるといってもよいかもしれません。そのくらい大切な存在なのです。やることは決して難しくはなく，拍手する場面ではき

ちんと拍手をする，歌うときはきちんと歌う，起立・礼・着席をキビキビ行うなどです。

　前ページの写真は，在校生による卒業式の練習風景です。教師は生徒の横に立ち，様々な指示を出します。ときには注意や指導が入ることもありますが，すべては卒業生のためです。指導をする際は，必ず「どこが悪かったのか」と理由もあわせて伝えます。そうすることで，練習で何度も注意されていても，本番では全員の顔がきちんとあがり，名脇役として主役の卒業生を送り出すことができます。

③ 今日の練習のポイントを伝える

　練習回数は限られているため，1回1回の練習にどれだけ真剣に向き合えるかが大切です。そのため担任は，必ず「今日の練習のポイント」を練習前に伝えましょう。

　練習には，卒業生と在校生のそれぞれに注意するポイントがあります。この写真は入場の練習シーンです。この場面での在校生のポイントは「全力で拍手をすること」でした。教師はまわりで指導をしながら，「拍手は最後のクラスが着席するまで全力で行おう」など，ポイントを押さえるように練習させます。

　今日はどこに重点を置いた練習なのかを明確にすることで，練習に対する価値を見出すことができれば，きっと一生懸命取り組む生徒が増えることでしょう。

④ 来年をイメージさせる

　次に来年の自分たちをイメージさせます。単に「イメージしてください」ではなく，昨年度の3年生の教室風景や卒業式前日の写真，また門出の会を行う学校であれば，その写真を見せることで，「来年は自分たちもこうなるのか」とか「なんか素敵だな」といった感情が芽生えるはずです。

　次ページの写真（左側）は卒業式前日の3年生の教室です。整然と並べられた机，丁寧に置かれた卒業記念品等が，卒業式前の凛とした空気を醸し出します。

右側の写真は最後の別れを惜しんでいる1コマです。このような写真を見せることで，2年生は来年の自分たちの姿を具体的にイメージすることができるはずです。また，担任からの，「『自分たちのときはしっかり送って』ではだめだよね。来年送られる立場になる以上，今年は全力で心をこめて送り出すことが大切だよね」という声かけも必要です。卒業式の練習や準備をがんばろうとする意識が高まっていくことを願いながら話をするとよいでしょう。

❺ 身なりを整えさせる

　身だしなみについても，担任としてきちんと指導することが大切です。

　私は生徒に「外見は中身の一番外側だよ」という表現で伝えます。

　これは先輩の先生が使っていた表現で，中身というのは心や考え方を意味するそうです。

　「考え方がだらしないと，それが外見にも表れる。外見をきちんとすることが，中身を整えるためにも大事という意味だよ」と教えていただきました。

　これは「卒業式だから」ではなく，日頃から大切にすべきポイントでもあります。

　担任は生徒の身なりを，頭からつま先まできちんと確認し，服のほつれやボタンの欠損等があれば，早めに家庭に連絡しましょう。気づいたことは，すぐに直させることが大切です。

（金子　和人）

「困ったら回せ」の名刺に感激

輝かしい記録をもつ部の顧問となる

中学校勤務時代の私の部活動担当は，ほぼバレーボール部でした。私はバレーボール経験に乏しく，強いアタックが打てるわけでも，サービスエースをとれるようなサーブが打てるわけでもありません。年度末に転勤された先生がバレーボール部の顧問で，空きが出てしまったので，新たに顧問をするように指示を受けて引き受けたのです。

校長に「すみません。バレーボールはほとんどできないのです。私が顧問でよいのでしょうか」と話しました。「玉置くん，強いバレーボールチームをつくれというわけではないのです。部活動は生徒指導の場なのです。生徒指導をしてほしいのです」と言われたことをよく覚えています。ほっとしました。

しかし，これまでのバレーボール部の大会記録を聞くと，実に輝かしい記録を残してきているのです。市内大会はもちろん，その上位大会でも優勝しているのです。自分が顧問を引き受けたら絶対にチームは弱くなる。ああ，とんでもない部を引き受けてしまったと後悔しても，後の祭りでした。

まずはバレーボールを勉強するしかない

本屋に行き，バレーボールの指導者用の本を探しまくりました。今ではインターネットで簡単に手に入れることができますが，その当時は本屋に足を運ぶしかありません。なかなか，これだ！というものが見つかりません。何軒かの本屋に行き，ようやく１冊の本を見つけました。

ところが，チームを鍛えるのに推奨されている指導ができないのです。例えば，「トスの高さを３段階に分けて，連続してアタックを打たせるとよい」と書いてあっても，指導者である自分のトスが安定しないのです。これには，ほとほと困りました。

部活動は生徒指導だと実感

このように指導者としての力量に乏しい顧問でしたが，よいチームをつくり，より上位に進むチームにしたいという思いだけは誰にも負けないつもりでした。また，単に顧問と生徒だけ

のつながりではなく，部員の学校生活全般に目を配り，一人ひとりのがんばりは認めていました。このことは生徒も感じていたようで，生徒の気持ちが私から離れていくことはありませんでした。

長く顧問をしていた中でも忘れられない生徒がいます。Ａくんとしておきます。バレーボールが大好きで，まさにバレーボール部だけのために学校にきている生徒でした。野性味あふれていて，運動神経は抜群。ところが勉強は大嫌い。短気できれやすい。学級担任から強く注意を受けると，プイと学校を出ていってしまう生徒でした。

部活動の練習で，次のような言葉を何度も発しました。

「またきれたそうだな。ちょっとは我慢しろよ。お前は，根はいい奴なんだから」

私の心の中にはバレーボールで引きとめておかないと彼はどうなるかわからないという気持ちがありました。そこで頭ごなしに怒ることはせず，プレイを頻繁にほめていたことも功を奏して，私から離れることはありませんでした。部活動の仲間には，教室で見せるような理不尽なこともせず，部ではエースアタッカーとして存在していました。

今思えば，まさに日々，Ａくんの特長を捉えた生徒指導をしていたのだと思います。

「困ったら回せ」という名刺に大感動！

Ａくんは，近隣のチームが一目置くほどのエースアタッカーになりました。正直，彼の力に頼って勝利するチームでした。したがって，チームの作戦はただ１つ。

「困ったら，Ａに回せ」

彼はバックアタックも決める力があるので，相手チームからのアタックをなんとか拾いあげて，彼がアタックできるように高くトスをあげることが作戦だったのです。とにかく高くあげれば，持ち前の運動神経で，強烈なアタックをきめてしまうのです。彼のおかげで，このチームも市内大会で優勝することができました。

当時から30数年経ったときです。Ａくんたちは，私が大学に異動するお祝いの会を催してくれました。土建業を営んでいたＡくんと，宴会の席で話しました。

「先生，中学校時代に私に言っていたことを覚えていますか」

「当たり前だ。きれるな！　我慢しろ！」

「いやいや，バレーボールの作戦ですよ」

「困ったら，Ａに回せ」

「そうです，そうです」と言いながら，Ａくんは経営する会社の名刺を見せてくれました。そこに書かれていたキャッチフレーズが，なんと「困ったら，Ａ工業に回せ」でした。私と彼は，バレーボール部と生徒指導を通して，人間的にずっとつながっていたのだと思います。

（玉置　崇）

成長を実感する

学年末の鉄板トークネタ

1 新しいスタートに向けて

話し始める前に

　学年末は，1年の締めくくりの時期であるとともに，新たな学年を迎える時期です。「来年はうまくやっていけるだろうか」などの不安を抱く生徒も少なくありません。学級の思い出を振り返りながら，全員で努力してきたこと，成長したことなどを振り返り，「新しい学級でもそれぞれがんばろう」という気持ちをもたせましょう。

鉄板トークネタ

　事前に「学級へのメッセージ」を生徒に書かせます。

> 　もうすぐこの学級ともお別れです。今日は，みんなが書いた学級へのメッセージを紹介してもらいたいと思います。

　学級へのメッセージを一人ひとりに発表してもらいます。発表が終わったら，必ず心をこめて拍手しましょう。教師が紹介する場合は，一人ひとりの顔を確認しながら紹介しましょう。

> 　振り返ってみると，いろいろなことがありました。楽しいこともあったけれど，悲しい思いや，つらい思いをしたこともありましたね。
> 　でも，今紹介してもらったメッセージには，感謝の言葉があふれていました。みんなが協力してくれたからこそ，今の学級の姿があるのだと思います。本当にありがとう。
> 　新しい場所でも，がんばるみんなの姿が想像できるから，きっと大丈夫です。
> 　前を向いて，新たなステージへと進みましょう。それぞれの場所で，どんな活躍を見せてくれるのか，とても楽しみです。心から応援しています!!

（野間　美和）

❷ 全力を尽くした１年間の成長を来年度へ

話し始める前に

　この１年間，最上級生の３年生をしっかりとサポートし，新たに入学してきた１年生を引っぱっていく存在として，重要な役割を果たしてきました。先輩や後輩のために，全力を尽くしてきたこの１年間の成長を大いに認め，いよいよ学校の顔となり，受験へと立ち向かっていく心の準備をさせましょう。

鉄板トークネタ

　２年生としての１年間が終わりました。みなさんにとって，この１年はどんな年でしたか。

　先生は，中学２年生という時期は，中学校生活３年間の中で，最も充実している反面，とても難しい時期だと思っています。友達関係，先輩や後輩関係など，人間関係での悩みが増えたり，目標を見失いがちになったりすることも，この時期に多いと思っています。解決策がなかなか見つからず，思い悩んだこともあったことでしょう。

　そんな時期にもかかわらず，みなさんは愚痴もこぼさず，３年生を一心不乱に支え，追いかけ，ときには追い越す勢いで懸命に走り抜けてきました。卒業式での姿は，まさに３年生からのバトンを引き継ぐにふさわしいものでした。さらに，何もわからない１年生に対して，中学生としての手本を態度や姿勢で示し，部活動でも丁寧にアドバイスする姿がありました。今，１年生が自信をもって学校生活を送ることができているのは，みなさんの存在があるからです。ありがとう。

　さあ，いよいよ４月からはみなさんが学校の顔となり，リーダーとして引っぱっていく番です。この１年間での成長を自信に変えて，精一杯○○中学校のために，仲間のために，そして何より自分自身のために力を尽くしてください。期待しています。

（田中友二郎）

135

3 一緒に過ごした時間に感謝しつつ，次に切り替える

話し始める前に

　よい学級に成長していればいるほど，別れがつらくなります。生徒たちはもちろんのこと，教師にとっても別れはつらくなりがちです。その気持ちを上手に切り替えられるようにさせたいものです。また，一緒に過ごしてきた仲間への感謝の思いを感じられれば嬉しいです。教師自身も生徒たちから様々な感動をもらっています。きちんと感謝の思いを語り，一人ひとりが3年生への前向きな気持ちを感じられるようにしましょう。

鉄板トークネタ

笑顔で生徒の表情を1人ずつ確認し，落ち着いた声ではっきりと話します。

> 　みなさん，この学級で過ごす最後の時間がきてしまいました。楽しくて，よい学級だっただけにこのときがきたのが残念でたまりません。多くの思い出が心に残っていることでしょう（何人かにこの学級で心に残っていることを聞いてもよい）。いろいろなことがありましたが，行事はもちろんのこと，毎日の生活でみんなで笑い合ったりおしゃべりしたりして楽しいことをたくさん積み重ねながら過ごしてきました。この教室にもたくさん思い出の品があります。今日はこれらをほしい人に分けたいと思います。

ほしい人を募り，じゃんけんなどで分けていく。

> 　私は，まずみなさんと出会えたことが嬉しかったし，この1年を一緒に過ごしてくれてとても感謝しています。私から言いたいのは「ありがとう！」という言葉です。本当にありがとう。楽しい時間を過ごせたのは，みなさんのおかげです。
> 　これからは，3年生です。学校の看板を背負っていろいろな場面で活躍してくれることを楽しみにしています。この学級でよかったと思うことを，新しい学級でも実行したり取り入れたりしてください。でも，新しい学級をこの学級と比べないでください。そして，卒業するときには，この学級よりも素敵な学級を創りあげてくださいね。新しい学級での成長を見守っていますし，楽しみにしています。本当に1年間，ありがとうございました。

（五島　　縁）

3 学期の通知表文例集

1 年を通して努力できた生徒

> 日常のやるべきことに対し，自分なりの課題をもって取り組めた1年となりました。その結果，学習面でも部活動でも，力を伸ばすことができました。今後もこれまでと同様，自分と向き合いながらさらに成長することを期待しています。

　学級担任をしていると，小さな努力を継続し，確実な力につなげていく生徒に出会うことがあります。行事の中での大きな活躍はなくても，1年間，近くで見ることができる担任だからこそ，見つけられる成長を見逃さないようにしましょう。

最高学年としての意識が高まってきている生徒

> 3学期になってから，日記の中で最高学年としてという言葉を多く見るようになりました。3年生に進級する心構えができつつあるとともに，言葉よりもまず行動に移そうとする姿が印象的でした。

　卒業式に向けた活動が増える中で，2年生の3学期は最高学年になるという意識がより高まります。毎日の朝・帰りの会の時間等にも最高学年という言葉が多くなる時期でしょう。言葉に素直に反応する生徒の様子をしっかりと観察し，次への成長につなげる機会にしましょう。

1 年前と比べて，前向きな姿が見られなくなった生徒

> 2年生になり，緊張感が薄れたためか多くの場面で手を抜いてしまうことがありました。1年生の頃を思い出し，3年生からは新たな気持ちでスタートをきることを期待します。

　中だるみの2年生といわれるように，2年生の1年間で生活リズムがくずれてしまうことがよくあります。3年生で一新し，よいスタートとなるような言葉かけをしましょう。

学校行事の中で活躍が見られた生徒

> 　卒業生を送る会に向けて，先輩に感謝の思いを伝えるためには何をすればよいかを考え，学級や学年の仲間に提案することができました。会の終了後は，やりきった満足感がうかがえ，1つのことを成し得て成長した姿を見ることができました。

　3学期には，卒業式が行われます。学校の中も卒業に向けた雰囲気が高まってきますが，2年生にとっても同じです。保護者にとっては，卒業という言葉はまだぼんやりとしているところもあると思いますが，通知表で言葉にすることにより，1年後にどんな姿でありたいのかを家庭でも話題にしていただける機会になればと思います。

部活動には一生懸命だが，学習に力が入らない生徒

> 　1月に行われたアンサンブルコンテストでは，見事金賞に輝くことができました。夏休み以降，先輩としての自覚をもち，練習を積み重ねてきた結果です。練習は必ず自分を成長させてくれます。今回の経験をその他の活動にもつなげてほしいと思います。

　学校生活には多くの活動があり，そのすべてを器用にこなすことは難しいものです。ですが，何か1つでもがんばれるものがあれば，それがきっかけとなり次につなげることもできます。生徒が努力できていることをしっかりと把握し，それを認めながら次の課題を提示できるとよいでしょう。

清掃活動ができない生徒

> 　授業中は積極的に発言し，意欲的に取り組めています。しかし，清掃活動に対しては，前向きになれないこともありました。評価されるから行うのではなく，やるべきことに真摯に向き合う気持ちがもてるようになれば，さらに成長できると思います。

　数字として評価されることが多い中で，学校生活の中には直接評価されない活動が多くあります。しかし，評価されない活動の中にこそ，社会に出たときに大切なことがあるように思います。担任として，生徒の細かいところをしっかりと見て，適切な言葉かけをしていくようにしましょう。

生徒会役員として活躍した生徒

後期の生徒会役員に立候補し，会長として学校全体を考えた活動ができました。立候補するまでは，自分にできるだろうかという気持ちもあったようですが「変化を恐れない」と力強く演説していた通り，様々な変化を自己の成長につなげていく姿は立派でした。

2年生の後期になると，生徒会役員として活躍する生徒がいます。教師から見て，できるだろうと思う生徒も，多くの場合，不安を抱いているものです。やれて当たり前ではなく，できる生徒だからこそ，しっかりと認めほめていくことで，生徒のさらなる成長が望めます。

苦手なことを克服しようとした生徒

体育の授業で長距離走が行われるたびに，その日の感想を日記に書いてくれました。日記の中に，「長距離走は苦手だけれど，あきらめずにがんばる」とあり，自分の苦手なことから逃げない姿は大変立派でした。今後もその気持ちを大切に生活していきましょう。

長距離走を得意としている生徒は多くなく，冬場は必ずといっていいほど，長距離走について書かれた日記を目にします。それは生徒が努力していることの表れでもありますので，しっかりと認めて次につなげていけるようにしましょう。結果だけでなく，努力を認めることが生徒の成長につながることはいうまでもありません。

気分不良による遅刻が多い生徒

体調が優れない日々が続き，思うように学校生活を送ることができませんでしたが，自分にできる範囲で，目標を決めて学習を行っています。いよいよ3年生になります。体調と相談しながら，自分の進路決定に向けて考えを深めていきましょう。

気分不良等により，遅刻の日数が増えてきている生徒に対して，学校生活での目標をもたせることはとても大切です。3年生は進路選択の時期に入ることを生徒も十分に理解しており，これまでの生活を変えるよい機会となります。4月から始まる生活に向けて，3月の通知表で今後についてふれておくことが大切になります。

（松井　綾子）

1 2年生の学級経営が どうしてもうまくいきません…❓

Question

　3回目の2年生担任です。これまでに1年生から3年生までの担任をやらせていただきましたが，どうしても2年生の担任のときには，うまく学級経営をすることができず，生徒をしかってばかりになり，学級全体が重い雰囲気になってしまいます。1年生は入学しての緊張感があり，3年生は進路選択という目標があり，学級をまとめやすいのですが，2年生はそうしたものがなく，どのように指導したらよいか悩んでいます。

Answer

「**中**だるみの学年」という意識をなくす

　ひょっとして，先生自身が2年生という学年に「中だるみの学年」であるという意識をもっていらっしゃるのではないでしょうか。無意識であっても，こうした思いは自然と生徒に伝わっていくものです。今一度，**2年生という学年の特徴について先生自身が捉え直す**ところから始めてみてはいかがでしょうか。

　タルトにたとえましょう。1年生という学年は，一番下のタルト生地の部分にあたり，ケーキの土台となります。中学校生活の土台です。その上にくるのがレアチーズ層や生クリーム層です。これが2年生です。ケーキの味を決定づける層になります。3年生は，ケーキの顔である最上部のデコレーション部分（フルーツ等）にあたります。3年生は学校の顔だからです。

　いかがでしょうか。2年生は，中身を固める大切な学年なのです。こうした意識を担任がもてれば，生徒にも必ず伝わります。

「ゆったり感」から「責任感」へ

　いわゆる「中だるみの学年」といわれますが，それは時間的にも精神的にもゆとりがあるということです。この「ゆったり感」を学級経営に生かすことが2年生の学級経営の最大のポイントです。1・3年生のような緊張感がないからこそ自由に大胆に生徒に活動させることができると考えてみましょう。

　学級経営の中で生徒の発想や考えを大切にして，生徒中心の活動をさせることを意識しながら指導を進めるのです。自分たちで活動を進めることは，失敗したり挫折したりするリスクを伴うわけですが，それが生徒の「責任感」を育てることにつながり，学校の顔である3年生としての自覚につながっていきます。ゆとりがあるからこそ，失敗を恐れずにチャレンジさせることができるのです。

失敗していいんです！

　例えば，合唱コンクールへの取り組みの場合。担任がリーダーシップをとってガンガン指導するということも考えられますが，それでは生徒のモチベーションは高まりません。生徒がやる気を出すような仕掛けが必要です。生徒が練習方法を考える「練習班」，学級掲示を考える「広報班」，合唱の記録や分析をする「分析班」，合唱曲の背景を調べる「学習班」などのように全員が合唱コンクールにかかわることができるようにします。

　2年生の時期に，こうした自治的な活動を行い，学級の一員としての「責任感」をもつことが，最上級生である3年生になったときに学校のリーダーとしての「責任感」をもつことにつながります。失敗してもいいのです。それも大きな財産になります。

Point！

　時間的にも精神的にもゆとりのある2年生の特性を生かした学級経営を進めることがポイントです。「中だるみの学年」というネガティブな言葉を使ってモチベーションを下げるのではなく，**ゆとりのある学年の強み**を生かして生徒自身が考え実行できるような学級経営をすることが大切です。教師自身も**失敗を恐れずチャレンジ**してみてください。

2 女子のグループ間の仲が よくありません…

学級の中にいくつものグループができ，女子の人間関係が難しくなってきています。グループ間の対立や無視などもあり，学級がなかなか1つにまとまりません。野外活動や校外学習で班編成をしなくてはいけないのですが，もめるのではないかと心配でなりません。このままでよいのでしょうか。担任として生徒の友人関係にどの程度踏み込んでいったらよいのか教えてください。

グループを否定せず，学級という大きな視野をもたせる

思春期の中学生，特に女子生徒にとって友人とのかかわりは生活の中で大きな意味をもつものです。どこかのグループに属していることが「安心感」を生み，学校生活を安定したものにしています。担任がその聖域に踏み込んでいくことは，学級経営上きわめて危険なことであるといえます。**安定した状態にある生徒の人間関係の中に，安易に入り込むことは避けた方がよいでしょう**。もちろん，問題が起きたときは別です。

それよりも，学級担任として，生徒に「学級」という大きな母船があることを意識させるような取り組みをすることをおすすめします。行事での班編成を心配していらっしゃいますが，今ある人間関係をもとにして生徒自身に考えさせ，担任はどのグループにも属していない生徒のケアを中心に対応することが大切です。そして，この班を使った学級づくりのイベントやレクリエーションを考えさせましょう。「学級」という大きな集団を意識させるためです。

授業の中のかかわりから融合を生む

　生徒が人間関係を深めていく上で大切な場があります。どんな場が頭に浮かぶでしょうか。1つ目は自由な活動ができる日常生活の場。2つ目が学級活動や学校行事等の創造的な活動の場。そして，最も時間が費やされるのが授業の場です。膨大な時間を費やす**授業の中でも人間関係がつくられていきます**。ペアや小集団での対話や体験的な学習，実験や実習，協働の作業学習など，生徒がかかわり合う場面がたくさんあります。その中でも人間関係はつくられていきます。また，一斉授業の中でも個々の発言を聴いている生徒がどう捉えるかでかかわり方が変わってくることがあります。いつも目立つ発言をしている生徒が他の生徒から攻撃されたり，無視されたりすることもあります。こうしたことは避けたいですね。**授業の中でお互いを知ることができれば，グループ間の融和も図られる**と思います。

聴く姿勢をつくる

　では，授業時間を通じて融和を生むためには何が必要か。それは**「聴く」姿勢をつくること**です。「聴く」ことは相手を知ることにつながります。相手を知ることにより理解が深まれば，**対立も減ってきます**。

　そこで，「聴く」姿勢をつくるために，傾聴三原則（相槌，頷き，称賛）やオープンクエスチョン（話題を広げていく質問）についての学習をしてみてはいかがでしょうか。相手の話を頷きながら聴き，相槌を打ち，称賛する。そして話題をどんどん広げていく。「聴く」ということは，相手を認めていくことにつながります。聴いてもらえれば，当然ながら話し手の自己肯定感が高まります。日々の授業の中，対話や話し合いの場面でこれらを実践できるようになれば，相互理解も深まっていくと考えられます。

　まずは，学級活動や総合的な学習の時間，朝や帰りの会などの時間を活用して，対話のスキルを学ばせてみましょう。

Point !

　いきなり生徒の人間関係に踏み込んでいくことは避けましょう。学級という組織を意識させるような取り組みを進めるとともに，授業の中で相手の話を「聴く」姿勢を身につけさせていくことが大切です。相手を理解することから始めてみましょう。

3 SNS にはまった生徒への対応は どうすべきでしょうか…

Question

　2年生になって，SNSのゲームに没頭するあまり，学校の学習や部活動などに興味がなくなってしまい，投げやりになっている生徒がいます。家に帰ると自分の部屋にこもり，夜中の2時過ぎまでゲームをやっているようです。提出物がだんだん出せなくなり，授業中もボーッとしていることが増えてきました。昼夜逆転してしまうのではないかと心配です。どのように指導を進めたらよいでしょうか。

Answer

まずは状況把握から始める

　大変危機的な状況です。少しでも早く対応し，この生徒の生活について見直しを図っていく必要があります。とはいえ，頭ごなしに「SNSのやりすぎはよくない」と指導しても，すぐに改善されることは期待できません。まずは，**なぜこのような状況になってしまったのかを把握すること**から始めましょう。

　その際に，「これは家庭生活に問題がある」と簡単に結論づけてしまわないようにしなくてはなりません。学校生活に原因があり，ゲームに逃げているというケースもあるからです。保護者と連携して家庭での状況を把握するとともに，生徒や保護者との相談活動をじっくり行っていきましょう。その中で，何が原因でこのような状況になってしまったかを探っていきましょう。生徒自身もなぜこのような状況になっているかわからない場合が多くあります。生徒や保護者と共に悩み，寄り添いながら解決に向けて努力する姿勢をもつことが大切です。

SNS の世界にはない魅力のある学校生活を体感させる

　SNS の世界に入り込んでいく生徒の多くは，日常生活の中に魅力や目標を見出すことができず，その結果，SNS やゲームの世界に没頭している場合が多いのです。そこで，生徒や保護者との相談活動の中で次の 2 つのことを一緒に考えてみましょう。

　まずは，「人」とのかかわりの中から，学校生活の中に「楽しみ」や「目標」を見つけさせることです。しかし，「目標をもちなさい」と言われても，すぐに目標をもつことなどできません。この生徒の居場所が学級の中にあり，「人」とかかわることができるよう仕掛けることです。

　「一人一役」という言葉はよく聞きますが，「二人一役」という試みをしてみてはいかがでしょうか。学級の係や行事の中の役割，授業中の学習等をペアで行わせます。このペアのパートナーは，この生徒が心を許せる仲のよい友達にします。2 人で活動する中で，学級の中での自己有用感を少しずつ高めるとともに，パートナーを中心にして「人」とのかかわりが広がっていきます。それが，学校生活の中の魅力になれば，ゲームに依存する時間が減ってくる可能性があります。

ゲームを知り，共感する

　この相談で最も怖いのは，「ゲーム＝悪」という発想を先生がもってしまうことです。SNS のゲームがこの生徒の 1 つの生きがいになっているわけですから，これを否定したら指導は何も進んでいきません。

　ゲームをすることを肯定するとともに，うまくつきあう方法を一緒に考えてあげることです。保護者を交えて，ゲームの時間や生活のリズムなどについてじっくり相談してみましょう。具体的なアドバイスから徐々に改善に向かわせてみましょう。

Point！

　まずは状況把握。そして，学級の中での居場所をつくるためにペアを活用した活動をさせてみることです。さらに，教師自身が大好きな SNS のゲームに共感するとともに，具体的な生活の改善方法を一緒に考えてあげることがポイントです。

4 指導を徹底することができません…

　採用3年目で2年生を担任しています。昨年度に引き続き，同じ学年を担当しています。昨年度もそうだったのですが，1学期にはできていたことが，だんだんできなくなっています。厳しく指導すると，一時的にはできるようになるのですが，長続きしません。私の指導が甘いからでしょうか。学年主任の学級のように，指導を徹底できる学級にするためにはどうしたらよいでしょうか。

Answer

「隠れたカリキュラム」ができているのかも

　先生のような思いをされている方は大変多いと思います。一生懸命やっているのに結果が表れてくるどころか，反対の方向に向かっていってしまう。とてもつらい状況ですね。なぜこのようになってしまうのでしょうか。様々な原因が考えられると思いますが，その原因の1つが，**「隠れたカリキュラム（ヒドゥンカリキュラム）」**ではないかと思われます。

　「隠れたカリキュラム」というのは，学校のフォーマルなカリキュラム（全体計画や指導案，企画案等）の中にはない，知識，行動の様式や性向，意識やメンタリティが，意図しないままに教師や仲間の生徒たちから教えられていくことをさしています（Wikipediaより）。一言で表すならば**「潜在的な教育効果」**といってもよいでしょう。

　すべての教師が，それぞれのヒドゥンカリキュラムをもっています。このカリキュラムは，プラスに働くと，往々にして大きな結果に結びつきます。

マイナスの「隠れたカリキュラム」からプラスの「隠れたカリキュラム」へ

　もう少し「隠れたカリキュラム」についてお話ししましょう。先生の相談内容である「できていたことができなくなる」のは，この「隠れたカリキュラム」のマイナス面であると考えることができます。例えば，提出物の期限を守ることについて考えてみましょう。4月当初は，きちんと期限を守って提出できていたはずです。しかし，誰かが期限を守れなかったときに，「まあ，1日ぐらいはいいだろう」と，遅れた生徒や学級全体に何も言わずにやりすごしてしまったことはないでしょうか。生徒はよく見ています。「ああ，この先生は提出物が多少遅れても大丈夫なのだ」という「隠れたカリキュラム」ができてしまうのです。こうして提出期限はどんどん守られなくなってしまい，こうなると，どんなに後で厳しくしてもなかなかもとには戻りません。

　ですから，逆のカリキュラム（プラスの「隠れたカリキュラム」）をつくればよいわけです。期限が守れなかったときに，守れなかった生徒の指導をきちんとすることは当たり前ですが，それとあわせて期限を守っている生徒を大いにほめることです。生徒が「この先生はきちんとルールを守ろうとしていて，やれば認めてもらえる」と思う「プラスの隠れたカリキュラム」ができるのです。

　マイナスではなくプラスの「隠れたカリキュラム」を意識しながら学級経営を進めていけば，必ずすべてのことが徹底できるようになってきます。優れた学級担任は，このプラスの「隠れたカリキュラム」を効果的に使っています。先生が尊敬している学年主任の先生も意識されているはずです。

プラスの「隠れたカリキュラム」を学級経営に生かす

　この「隠れたカリキュラム」は，マイナスに働くと「学級崩壊」という状態を引き起こす可能性もありますが，プラスに働くと学級経営を極めて円滑にしてくれます。このことを意識して学級経営にあたることが大切ですが，実際のところ学級担任として具体的にどうしたらよいのでしょうか。何よりも生徒がよく見ているのは担任の言動です。担任の発する言葉や行動パターンが「隠れたカリキュラム」をつくりだしていきます。ですから意識してポジティブな言動をすることです。

- ・しかるよりもほめることを心がける
- ・生徒の話をよく聞く
- ・どの生徒にも同じように接する
- ・生徒に笑顔で接する
- ・教室はいつもきれいにしておく
- ・いつも励ましの言葉をかける
- ・正しい言葉づかいで生徒に接する
- ・指導がぶれない

ポジティブな例をあげましたが，わかりやすくするためにネガティブな例も紹介しましょう。

- ・不機嫌さを表情に出してしまう
- ・頼みやすい生徒にだけ声をかける
- ・できないことばかりを責める
- ・苦手なことから逃げる

- ・自分の失敗をごまかす
- ・生徒をからかったり，ばかにしたりする
- ・言うことがコロコロ変わってしまう
- ・すぐに怒鳴ってしかる

　このように，担任の言動が徐々に学級の雰囲気を変え，「隠れたカリキュラム」がつくられていきます。この「隠れたカリキュラム」を意識しているかいないかで学級経営は大きく変わってきます。厳しい言い方ですが，教師としての姿勢が問われるものであるともいえます。

　若い頃あこがれていた先生は，言動がポジティブで一貫した教育理念をもち，徹底した学級経営をしていらっしゃいました。ぶれない前向きな姿勢が，知らず知らずのうちに生徒も学級も育てていたのでしょう。

Point !

　今までうまくいかなかった原因の1つは「隠れたカリキュラム」。担任である自分の言動や生徒に対する姿勢が潜在的な教育効果を生んでいることがあります。「プラスの隠れたカリキュラム」をうまく利用すれば，学級の中にきちんとやっていこうとするポジティブな雰囲気が形成されます。

（山田　貞二）

【執筆者一覧】

玉置　　崇（岐阜聖徳学園大学）

山田　貞二（愛知県一宮市立浅井中学校）

戸田　恭子（愛知県一宮市立浅井中学校）

野間　美和（愛知県春日井市立南城中学校）

田中友二郎（愛知県岡崎市立額田中学校）

五島　　縁（愛知県小牧市立岩崎中学校）

時田　　学（愛知県一宮市立浅井中学校）

松岡　美幸（愛知県一宮市立浅井中学校）

三品　慶祐（愛知県小牧市立小牧中学校）

芝田　俊彦（愛知県小牧市立味岡中学校）

玉置　潤子（元愛知県春日井市立高森台中学校）

宮内　祐未（愛知県小牧市立味岡中学校）

武田　慎平（愛知県小牧市立味岡中学校）

弓矢　敬一（愛知県一宮市立西成東部中学校）

久保美也子（愛知県小牧市立岩崎中学校）

石川　　学（愛知県小牧市立北里中学校）

小山内　仁（北海道八雲町立野田生中学校）

野木森　広（愛知教育大学）

松井　綾子（愛知県岩倉市立岩倉中学校）

林　　雄一（愛知県一宮市立浅井中学校）

湯浅　良将（愛知県一宮市立浅井中学校）

髙田　佳和（三重県東員町立東員第一中学校）

深澤　成雄（愛知県一宮市立浅井中学校）

岩田　光功（愛知県一宮市立西成中学校）

金子　和人（愛知県長久手市立南中学校）

【編著者紹介】

玉置 崇（たまおき たかし）

1956年生まれ。公立小中学校教諭，国立大学附属中学校教官，中学校教頭，校長，県教育委員会主査，教育事務所長などを経て，平成24年度から３年間，愛知県小牧市立小牧中学校長。平成27年度より岐阜聖徳学園大学教授。

文部科学省「小中一貫教育に関する調査研究協力者会議」委員，「統合型校務支援システム導入実証研究事業」委員会委員長などを歴任。

著書に『中学校 新学習指導要領 数学の授業づくり』（明治図書，単著），『スペシャリスト直伝！中学校数学科授業成功の極意』（明治図書，単著），『わかる！楽しい！中学校数学授業のネタ100 １～３年』（明治図書，編著），『「愛される学校」の作り方』（プラネクサス，共著），『落語家直伝 うまい！授業のつくりかた』（誠文堂新光社，監修）など，多数。

１年間まるっとおまかせ！
中２担任のための学級経営大事典

2020年３月初版第１刷刊　Ⓒ編著者 玉 置　　崇
2024年１月初版第３刷刊　　発行者 藤 原 光 政
　　　　　　　　　　　　　発行所 明治図書出版株式会社
　　　　　　　　　　　　　　　　http://www.meijitosho.co.jp
　　　　　　　　　　（企画）茅野 現（校正）嵯峨裕子
　　　　　　　　　　〒114-0023　東京都北区滝野川7-46-1
　　　　　　　　　　振替00160-5-151318　電話03(5907)6701
　　　　　　　　　　ご注文窓口　電話03(5907)6668
＊検印省略　　　　　組版所 長野印刷商工株式会社
本書の無断コピーは，著作権・出版権にふれます。ご注意ください。

Printed in Japan　　　　ISBN978-4-18-327226-3
もれなくクーポンがもらえる！読者アンケートはこちらから→